Lektürehilfen
Bertolt Brecht
„Der gute Mensch von Sezuan“

von Ursula Brech

Ernst Klett Verlag
Stuttgart Düsseldorf Leipzig

Alle Seitenangaben zum Text des Stückes beziehen sich auf die Taschenbuchausgabe: Bertolt Brecht, Der gute Mensch von Sezuan, Suhrkamp Taschenbuch: Frankfurt a. M. 1955, viele Auflagen.

9 783129 223048

Die Deutsche Bibliothek – CIP-Einheitsaufnahme

Ein Titeldatensatz für diese Publikation ist bei Der Deutschen Bibliothek erhältlich

Auflage 13. 12. | 2004 2003
Die letzten Zahlen bezeichnen jeweils die Auflage und das Jahr des Druckes.

Umschlagfoto: Bildarchiv Preußischer Kulturbesitz

Internetadresse: http://www.klett-lerntraining.de
E-Mail: klett-kundenservice@klett-mail.de
Gesamtherstellung: W. Röck GmbH Druck + Medien, Weinsberg
Einbandgestaltung: Bayerl & Ost, Frankfurt a. M.
ISBN 3-12-922304-5

Inhalt

Zu diesem Buch

Als Leser sind wir nie völlig unvoreingenommen. Wir tragen die Erwartungen, die durch unsere eigenen Erfahrungen, unsere Vorkenntnisse geprägt sind, an literarische Werke heran. Dieses Vorverständnis muß bis zu einem gewissen Grade sogar vorausgesetzt werden, wenn wir Zugang zu einem Roman, einem Drama oder einem Gedicht finden wollen. Der erste Eindruck muß meistens durch genauere Lektüre zurechtgerückt werden; vielleicht erweist er sich sogar als falsch. Weshalb ist dieser beim Lesen und Verstehen von Texten immer auftretende Prozeß gerade für das Verständnis eines Stückes von Brecht so bedeutsam, daß unser Vorverständnis hier ausdrücklich zum Thema gemacht und allen Erklärungen vorausgeschickt wird?
Auf Schritt und Tritt begegnen wir in den Stücken Brechts scheinbar vertrauten Vorstellungen. Dies ist bis auf die Ebene einzelner sprachlicher Wendungen zu beobachten. Vor allem Bibelkenner können das feststellen. Wie andere Werke Brechts ist auch das Stück „Der gute Mensch von Sezuan" geradezu eine Fundgrube für Anklänge und Zitate aus dem Alten und Neuen Testament. Gerade dadurch, daß das Publikum auf zunächst Vertrautes stößt, das sich in bestimmten Bühnensituationen aber als höchst befremdlich erweist, soll es in die Lage versetzt werden, die Bühnenwirklichkeit mit kritischer Distanz zu beobachten. Brecht selbst hat sich mit Vorliebe als Zweifelnden verstanden, eine Haltung, die er auch von seinem Publikum verlangt. Das von ihm angestrebte Verhältnis zwischen Stückeschreiber und Publikum hat er in einem Gedicht folgendermaßen zum Ausdruck gebracht:

> „Gelobt sei der Zweifel! Ich rate euch, begrüßt mir heiter und mit Achtung den,
> Der euer Wort wie einen schlechten Pfennig prüft!"

Wer sich die von Brecht so hoch geschätzte Haltung eines Zweifelnden zu eigen macht, wird vom Autor nicht erwarten, daß er ihm konsumierbare ‚Lebensweisheit' verabreicht. Die Schwierigkeiten, die vielen die Stücke Brechts bereiten, entstehen oft deshalb, weil Gewohnheiten der Rezeption, die vielleicht das Verständnis eines anderen Autors noch nicht völlig verstellen, bei Brecht jeden Zugang verwehren, da dieser gerade alle ihm zu Gebote stehenden Kunstgriffe einsetzt, die eine simple Übersetzung in eine fix und fertige Lehre verwehren. Nicht konsumierbare Resultate will deshalb dieses Buch präsentieren. Ausgangspunkt und Angelpunkt aller weiterführenden Interpretationsansätze soll ein Nachvollzug des in jedem einzelnen Punkt bedeutsamen Parabelgeschehens sein, der sich aus der Position des denkenden Zuschauers bzw. Lesers Schritt für Schritt an ein angemessenes Verständnis von Brechts Stück „Der gute Mensch von Sezuan“ herantastet.

Überblick über den Aufbau des Stückes

Formale Gliederung: drei Wirklichkeitsebenen

Brechts Parabelstück spielt auf mehreren Ebenen. Das Vorspiel zeigt auf der Bühne eine legendenhafte Wirklichkeit, in der Götter vorkommen. Neun der zehn Bilder, in die das Stück gegliedert ist, spielen in einer Wirklichkeit ohne Götter: in einem ärmlichen Viertel der Hauptstadt von Sezuan, einer halb europäischen Stadt Chinas, wo, obwohl die moderne Technik dort schon Einzug gehalten hat, dennoch eher frühkapitalistische Wirtschaftsverhältnisse herrschen. Die Götter tauchen in dieser sozialen Wirklichkeit erst wieder im zehnten Bild als falsche Richter auf.

Die zehn Bilder werden mehrfach durch Zwischenspiele unterbrochen: Der Wasserträger Wang berichtet den Göttern im Traum über das Schicksal Shen Tes, des guten Menschen; zweimal tritt Shen Te selbst in Zwischenspielen vor den Vorhang und wendet sich an das Publikum. Brecht montiert also verschiedene Erfahrungen von Wirklichkeit zusammen: eine legendenhafte Welt, die harte soziale Wirklichkeit und die Träume des Wasserträgers. Am Schluß des Stückes steht ein Epilog, eine Art Autorenkommentar, der aber, da er von einem der Schauspieler gesprochen werden soll, dennoch in das Stück integriert ist.

Symmetrischer Bauplan

Durch die Anordnung der Zwischenspiele erhält das Stück einen symmetrischen Bauplan mit leichtem Achtergewicht. Die Achse ist nach dem fünften Bild anzusetzen; den drei Zwischenspielen der ersten Hälfte stehen in der zweiten Hälfte insgesamt vier gegenüber.

Vorspiel: Die Götter kommen nach Sezuan

1. Bild: Shen Te

Zwischenspiel: Die Götter erscheinen Wang im Traum

2. Bild: Shui Ta

3. Bild: Shen Te

Zwischenspiel: Die Götter erscheinen Wang im Traum

4. Bild: Shen Te

Zwischenspiel vor dem Vorhang: Shen Te singt das „Lied von der Wehrlosigkeit der Götter und Guten"

5. Bild: Shui Ta/Shen Te

Zwischenspiel vor dem Vorhang: Shen Te wendet sich an das Publikum

6. Bild: Shen Te

Zwischenspiel: Die Götter erscheinen Wang im Traum

7. Bild: Shen Te/Shui Ta

Zwischenspiel: Die Götter erscheinen Wang im Traum

8. Bild: Shui Ta

9. Bild: Shui Ta

Zwischenspiel: Die Götter erscheinen Wang im Traum

10. Bild: Die Götter kommen als Richter nach Sezuan – Shen Te ist Shui Ta

Epilog

Gedankliche Gliederung: Fragen – Aufzeigen von Widersprüchen –

Die Gliederung des Stückes in zwei Hälften, die sich aufgrund der Anordnung der Zwischenspiele ergibt, spiegelt auch die gedankliche Struktur: In der ersten Hälfte provoziert Brecht die Zuschauer zu Fragen. Im zweiten Teil wird die Suche des Zuschauers nach einer Lösung dadurch gesteuert, daß die Erfahrungen des ‚guten' Menschen mit seiner Welt darauf verweisen, daß diese Welt durch unvereinbare Widersprüche charakterisiert ist. Der

Zuschauer erhält im zweiten Teil zwar keine ausdrücklichen Antworten, dafür aber Einblick in die Struktur der Welt, die es verhindert, „gut zu sein und doch zu leben". Einen dritten Gedankenschritt, die Lösung, muß der Zuschauer selbst finden; dazu fordert ihn der Epilog auf.

Lösung durch den Zuschauer

Im Vorspiel stellen die Götter selbst die zentrale Frage des Stückes und erhalten darauf auch schon eine Antwort. In den folgenden vier Bildern provoziert der Verlauf der Handlung den Zuschauer immer wieder zu Fragen (vgl. dazu die Überschriften der folgenden Inhaltsangabe). Durch Veränderung einer Bedingung erweist es sich von Bild zu Bild als notwendig, die Situation des ‚guten' Menschen unter verändertem Gesichtspunkt zu prüfen: Die Bühne gleicht einem Labor, in dem unter wechselnden Versuchsbedingungen ein Experiment durchgeführt wird. Das kleine Geldgeschenk der Götter bringt die Handlung des ersten Bildes und damit eine Weiterführung der Ausgangsfrage in Gang. Im ersten Bild wird Shen Te die Erfindung eines Vetters ‚souffliert', der ihre Probleme lösen soll. Im zweiten Bild gibt der Polizist mit dem Vorschlag einer Geldheirat Shen Tes das Stichwort für eine weitere Lösungsmöglichkeit. Im dritten Bild verändert sich die Situation grundlegend, da sich Shen Te verliebt. Das vierte Bild bringt zunächst eine Lösung, da Shen Te Geld geliehen bekommt; dafür taucht eine neue Schwierigkeit auf. Ihr Geliebter Sun braucht eine Bestechungssumme, um eine Stelle als Flieger zu erhalten. Im fünften Bild spitzt sich der Widerspruch zwischen Shen Te und Shui Ta ein erstes Mal zu. Die Bilder 6–10 stellen die Widersprüche der Gesellschaft, in der Shen Te lebt, vor Augen. Die Unvereinbarkeit der Doppelrolle führt schließlich dazu, daß das Doppelspiel aufgegeben werden muß (Bild 9 und 10). Den Schlüssel zu der Widerspruchsstruktur von Shen Tes Lebensbedingungen erhält der Zuschauer im achten Bild.

Die Handlung als Experiment

Der Handlungsverlauf des Stückes

Vorspiel. Kann die Welt bleiben, wie sie ist?

Selbst-Vorstellung Wangs

Die Handlung des Vorspiels erinnert auf den ersten Blick an eine Legende. Der Wasserverkäufer Wang erwartet in der Hauptstadt der chinesischen Provinz Sezuan die Ankunft der Götter. Ungewöhnlich ist der Beginn der Szene. Wang tritt vor das Publikum und stellt sich selbst vor:

> „Ich bin Wasserverkäufer hier in der Hauptstadt von Sezuan."

Diese Technik der Selbst-Vorstellung hat Brecht vom japanischen No-Spiel übernommen. Der Schauspieler steht zwar im Kostüm des Wasserverkäufers auf der Bühne, er teilt aber wie ein außenstehender Beobachter die Lebensumstände der Person mit, die er darzustellen hat. Da er über diesen Wang sprechen muß, kann er in diesem Augenblick nicht völlig identisch mit seiner Rolle sein. Der Schauspieler, der den Wasserverkäufer darstellt, ist in gewisser Weise in zwei Personen gespalten: die eine verkörpert die Rolle, während die andere über sie berichtet. Die Vorgeschichte der Bühnenhandlung, die im klassischen Drama im Verlauf des ersten Aktes durch Gespräche der handelnden Personen indirekt mitgeteilt würde, erzählt Wang dem Publikum direkt:

Wang erzählt die Vorgeschichte der Bühnenhandlung

> „Der Himmel soll sehr beunruhigt sein wegen der vielen Klagen, die zu ihm aufsteigen."

Der naiv gläubige Wang erhofft sich von den Göttern Hilfe für die Provinz Sezuan, in der große Armut herrscht, die er aufgrund seines mühseligen Gewerbes besonders hart zu fühlen bekommt.

In Wirklichkeit haben die Götter zu ihrer Erdenwanderschaft jedoch einen anderen Anlaß: Sie wollen feststellen, ob die Welt so bleiben kann, wie sie ist. Eine Veränderung, so sagen sie selbst nach ihrer Ankunft in der Hauptstadt, ist unnötig,

Ausgangsfrage: Kann die Welt bleiben, wie sie ist?

> „wenn genügend gute Menschen gefunden werden, die ein menschenwürdiges Dasein leben können."

Zwei Bedingungen müssen also erfüllt sein, wenn alles beim alten bleiben kann: Zum einen, daß es auf Erden überhaupt genügend gute Menschen gibt, zum andern, daß diese guten Menschen auch in annehmbaren Verhältnissen leben können. Weder kommen die Götter in der Absicht, den Menschen Hilfe zu bringen, noch wollen sie diese prüfen, um die Guten zu belohnen und die Bösen zu strafen. Sie kommen vielmehr im eigenen Interesse. Sie wollen das „Geschrei", wie sie es abfällig nennen, das wegen des schlechten Zustandes der Welt zu ihnen dringt, zum Verstummen bringen. Wie Beklagte suchen sie gute Menschen als ‚Beweisstück' dafür, daß alle Klagen unberechtigt sind.

Die Götter wünschen keine Veränderung

Auf der Suche nach einer Herberge für die Nacht begegnen die Götter dem Wasserverkäufer, der sich ihnen mit großer Ehrerbietung nähert. Sein Versuch, den Göttern ein Nachtquartier zu besorgen, erweist sich als ausgesprochen schwierige Aufgabe. In der Stadt scheint es keine hilfsbereiten Menschen zu geben. Nur die Prostituierte Shen Te erklärt sich bereit, die Götter aufzunehmen, weil sie „nicht nein sagen kann". Beim Abschied ‚bezahlen' die Götter ihr Nachtquartier, nachdem sie von Shen Tes schlechten finanziellen Verhältnissen erfahren haben.

Bibelanklänge

Der legendenhafte Stoff enthält zahlreiche Bibelanklänge: Die auf Erden wandelnden Götter, ihre Suche nach einem guten Menschen, sogar die Aufwertung der gesellschaftlich diskriminierten Shen Te verweisen auf biblische Ereignisse. Der Herr verspricht Abraham, die Städte Sodom und Gomorrha zu verschonen, wenn nur zehn Gerechte dort zu finden sind. Jesus verzeiht der Ehebrecherin, die nach dem jüdischen Gesetz gesteinigt wer-

Die Götter sind nicht allwissend

den soll; auch bei anderen Gelegenheiten wertet er von der Gesellschaft geächtete Menschen auf. Die Beurteilung Shen Tes durch die Götter zeigt aber auch, daß der Zuschauer im Vergleich mit den auf der Bühne agierenden Personen über einen Informationsvorsprung verfügt. Zunächst wissen die Götter nichts von Shen Tes Gewerbe, während die Zuschauer aufgrund des Gesprächs zwischen Shen Te und Wang wohlinformiert sind. Unvereinbar mit der christlichen Vorstellung von Gott als dem Allwissenden, vor dem es keine Lüge gibt, ist, daß sie sich nicht nur täuschen lassen, sondern immer wieder beim Selbstbetrug ertappt werden können. Wo die Götter Beobachtungen machen, die das Gelingen ihrer Suche in Frage stellen könnten, verschließen sie die Augen vor den Tatsachen. Auch das kann dem Publikum aufgrund seines Informationsstandes nicht entgehen. Damit wird es immer wieder zur Beurteilung der Verhaltensweise der Götter aufgefordert. Diese versuchen nicht nur die Tatsache, daß Wangs Wassergefäß zwei Böden hat, im Interesse ihrer ‚Beweisführung' herabzuspielen; auch Shen Tes heftigen Einspruch gegen die Behauptung der Götter, in ihr einen guten Menschen gefunden zu haben, nehmen sie nicht ernst und ziehen sich mit einem als ‚Bezahlung' ausgegebenen Geldgeschenk aus der Affäre.

Unterschiedliche ‚Temperamente' der Götter:

Ganz und gar nicht vereinbar mit der traditionellen Vorstellung von Göttern sind auch ihre unterschiedlichen ‚Temperamente'. Ihre Aussichten, einen guten Menschen zu finden, beurteilen nicht alle drei mit dem gleichen Optimismus. Der erste Gott identifiziert sich ganz mit seiner Rolle als Anführer. Auf die Realität der Menschenwelt will er sich nicht einlassen; er erfüllt seine Rolle im Erlassen von Geboten. Aufgrund seines stärker ausgeprägten Realitätssinnes fällt der zweite Gott zuweilen ganz aus der beanspruchten Rolle, die eine Einmischung in weltliche Angelegenheiten verbieten würde.

Rolle des Anführers

Realitätssinn des 2. Gottes

Er verfügt über eine genauere Beobachtungsgabe als seine Gefährten; sie läßt ihn die Ursache von Überschwemmungen in Kwan nicht in der Gottlosigkeit, sondern in der Nachlässigkeit der Bewohner suchen und rasch den doppelten Boden von Wangs Wassergefäß entdecken. Im Widerspruch zu dem Wirklichkeitssinn, den er bei diesen Gelegenheiten beweist, hält aber der zweite Gott noch starrsinniger als die beiden anderen daran fest, daß die Götter für „das Wirtschaftliche" nicht zuständig seien. Am ‚menschlichsten' verhält sich der dritte Gott. Da er durchschaut, daß die Gastgeberin erst noch einen Freier aus dem Hause schleusen muß, bevor die Götter eintreten können, bietet er taktvoll an, sich ein wenig zu entfernen. Die Götter sind also keineswegs so erhaben, wie Wang sie sich vorstellt.

‚Menschlichkeit' des dritten Gottes

Die Meinungsverschiedenheiten, die unter den Göttern aufkommen, machen ihren Anspruch auf Göttlichkeit vollends frag-würdig. Wenn also aus der Tradition Vertrautes anklingt, so dient es Brecht offenbar nur zum Kontrast: Nicht so, wie erwartet, sind die Götter. Gerade der Gegensatz zwischen der Erwartung der Erhabenheit, wie sie Wang zum Ausdruck bringt, und der gezeigten Bühnenwirklichkeit bewirkt, daß die Götter auf das Publikum in erster Linie komisch wirken.

Komische Wirkung der Götter

Nimmt es die Götter am Ende des Vorspiels beim Wort, dann ist ihre Mission, wenngleich sie selbst es nicht eingestehen wollen, vorerst gescheitert. Shen Te, die sie zum guten Menschen erklären, geht es nach deren eigenen Worten nicht gut:

Shen Tes Dilemma:

> „Ich bin gar nicht sicher, daß ich gut bin. Ich möchte es wohl sein, nur wie soll ich meine Miete bezahlen?"

Sie bringt ihr Dilemma deutlich zum Ausdruck: gern würde sie die göttlichen Gebote halten, würde Menschenfreundlichkeit und Nächstenliebe zeigen. Nicht ein innerer Drang zum Bösen hält sie davon ab, vielmehr verhindern die Verhältnisse, daß sie sich ihren Wunsch nach menschenfreundlichem Verhalten erfüllen kann. Mit diesem Denkmodell steht Brecht insofern im Widerspruch zur christlich-abendländischen Tradition, als diese das sittlich gute Verhalten des Menschen als Ergebnis der Anstrengung bewertet, die notwendig erscheint, damit der Mensch seine Triebe, die ihn geneigt zum

Ihre Neigung zur Freundlichkeit scheitert an den Verhältnissen

Bösen machen, überwindet. Eindrucksvoll illustriert für Brecht diese Auffassung eine japanische Maske, die Jahre lang in seinem Arbeitszimmer aufgehängt war: Die Bosheit steht nicht in Übereinstimmung mit den natürlichen Neigungen, vielmehr kostet sie ungeheuerliche Anstrengungen. (Vgl. S. 49)
Angesichts des ‚Geständnisses' von Shen Te wird die an sie gerichtete Aufforderung des ersten Gottes, „vor allem gut" zu sein, zur hohlen Phrase: Gut sein zu *können* wäre ja gerade ihr Bedürfnis, das sie angesichts der herrschenden Verhältnisse nicht realisieren kann. Um Shen Tes Einspruch abzuwehren, entschließen sich die Götter zu einem Trick, der erst recht ihre Widersprüchlichkeit offenbart. Sie tarnen ein Geldgeschenk an Shen Te als ‚Bezahlung' des Nachtlagers, um den Schein zu wahren und nicht zugeben zu müssen, daß sie gegen die von ihnen selbst bestimmte Regel, sich nicht ins „Wirtschaftliche" einmischen zu wollen, verstoßen.

Neue Versuchsbedingungen: das Geschenk der Götter

Das Geldgeschenk ändert Shen Tes wirtschaftliche Lage, die sie bisher an der Erfüllung der ‚Gebote' gehindert hat. Dem Zuschauer stellt sich mit der veränderten Bedingung die Frage: Wird es Shen Te jetzt möglich sein, ihr Bedürfnis nach Freundlichkeit ihren Mitmenschen gegenüber zu realisieren?

1. Bild: Ein kleiner Tabakladen. Kann Shen Te ihren Wunsch verwirklichen, „viel Gutes zu tun"?

Drei Tage sind seit der Abreise der Götter vergangen. Die kurze Zeitspanne hat für Shen Te wichtige Veränderungen gebracht. Vergleichbar mit Wangs Selbstvorstellung, erzählt nun Shen Te, direkt zum Publikum gewendet, was sich in der Zwischenzeit zugetragen hat. Mit den über tausend Silberdollar, die sie von den Göttern als ‚Bezahlung' erhalten hat, konnte sie einen kleinen Laden kaufen, der es ihr, so hofft sie, ermöglichen wird, „viel Gutes zu tun". Das Publikum wird Zeuge der Eröffnung des Tabakladens. Zu erwarten wäre – vielleicht noch etwas zögernd – das Eintreffen der ersten Kunden. Statt dieser strömt eine Schar von Obdachlosen und Hungernden in den Laden: Leute, die vor kurzem ihren kleinen Besitz verloren haben, wie zum Beispiel die Shin, die Shen Te ihren Laden verkauft hat, und Shen Tes ehemalige Wirtsfamilie, einstmals selbst Besitzer eines Tabakladens. Sie scheuen sich nicht, Shen Te um Hilfe zu bitten, obwohl sie diese auf die Straße gesetzt haben, als ihr das Geld ausgegangen war. Nacheinander tauchen immer mehr Mitglieder dieser Familie auf und quartieren sich im Tabakladen ein. Die Ankömmlinge versuchen egoistisch, kleine Vorteile für sich zu ergattern, die sie eifersüchtig gegen ihre Leidensgenossen verteidigen. Als ein Arbeitsloser um eine Zigarette bettelt und sie von Shen Te erhält, erkennen sie blitzschnell die Gefahr, die Shen Tes Güte für den kleinen Laden bedeutet: „Du bist zu gut, Shen Te", wendet die Frau ein. „Wenn du deinen Laden behalten willst, mußt du die eine oder andere Bitte abschlagen können." Shen Tes Hilfsbereitschaft gefährdet in der Tat den Laden. Doch nach welchen Gesichtspunkten soll sie eine Bitte abschlagen und die andere erfüllen? Die Frau bemerkt nicht, daß sich ihr Rat auch gegen die Ansprüche richtet, die sie und ihre Familie an Shen Tes Hilfsbereitschaft stellen. Die Sympathie des Publikums können sich die bösartigen Gäste Shen Tes kaum erringen. Mögliche Vorwürfe gegen ihre ‚Gäste' versucht Shen Te, ohne aus ihrer Bühnenrolle herauszutreten, dennoch durch die Rhythmisierung deutlich vom Dialog abgehoben, in einer direkten Wendung zum Publikum zu entkräften:

Shen Tes Laden als Zuflucht der Obdachlosen

Shen Te ist zu gut

Schlechte Verhältnisse machen Menschen schlecht

> „Sie sind ohne Obdach.
> Sie sind ohne Freunde.
> Sie brauchen jemand.
> Wie könnte man da nein sagen?"

Für Shen Te ist also die Bedürftigkeit dieser Menschen Grund genug für ihre Hilfe. Ihre Bösartigkeit erklärt sie damit, daß eben ihre Armut eine Verwirklichung ihrer Menschlichkeit nicht zuläßt:

„Sie sind schlecht.
Sie sind niemandes Freund.
Sie gönnen keinem einen Topf Reis.
Sie brauchen alles selber.
Wer könnte sie schelten?“

Shen Tes Begründung wirkt einleuchtend. Doch die Zahl der Armen ist zu groß, als daß Shen Tes Güte abhelfen könnte. Angesichts des Ausmaßes der Not erweist sich gerade der Eingriff in die bestehenden Verhältnisse, den die Götter vermeiden wollen, als notwendig.

Frau Shin fordert Reis

Nicht allein die große Zahl der Armen und Obdachlosen bedeutet eine Gefahr für Shen Tes Tabakladen. Denn die ehemalige Ladenbesitzerin, Frau Shin, die nun ihre Bitte um Reis als wohlberechtigte Forderung vorträgt, hat Shen Te übel hereingelegt. Sie hat ihr nicht nur einen schlecht gehenden Laden in einem „Elendsviertel“ verkauft, den sie selbst trotz ihrer Geschäftstüchtigkeit nicht halten konnte, sondern auch verschwiegen, daß die Stellagen für die Tabakwaren nicht bezahlt sind. Noch bevor der erste Kunde den Laden betreten hat, fordert der Schreiner Lin To, selbst nahe am Bankrott, wütend die Bezahlung der von ihm angefertigten Stellagen. Der Schreiner, der nicht weiß, wovon er seine Familie ernähren soll, hält von Shen Tes Lob der Geduld, das ohne diesen Hintergrund vielleicht Überzeugungskraft hätte, mit gutem Recht nichts. Die Lage ist verzweifelt; besser als Shen Te erkennen ihre Gäste die drohende Gefahr und lassen sich – Not lehrt denken – etwas einfallen. Sie erfinden den Vetter Shui Ta, einen Mann „wie ein Messer“, da für sie die Gefahr vor allem von Shen Tes Verhalten ausgeht, ihrer Menschenfreundlichkeit, die keine Unterschiede macht. Shui Ta ist nicht Shen Tes Einfall, noch weniger ihr zweites Ich, das sich in dieser bedrängten Situation meldet. Shui Ta wird von den Gästen gegen die Forderungen den Schreiners gleichsam als Strohmann aufgebaut. Wird ein verändertes Verhalten, wie es der kalte Geschäftsmann Shui Ta aufweisen soll, Shen Tes Probleme lösen können? Der Schreiner läßt sich jedenfalls überreden, sich mit seinen Forderungen an den Vetter Shui Ta zu wenden und kann so erst einmal

Der Schreiner fordert seinen Lohn

Shui Ta wird erfunden: ein Mann „wie ein Messer“

abgewimmelt werden. Shen Te hat jedoch moralische Bedenken. Darf Lin To um den gerechten Lohn, den er dringend für den Unterhalt seiner Familie braucht, betrogen werden? Selbst frag-würdig wird allerdings Shen Tes besorgte Frage:

„Was werden die Götter dazu sagen?"

Für den Zuschauer haben diese schon im Vorspiel ihren Anspruch auf moralische Beurteilung menschlichen Verhaltens preisgegeben. Als Instanzen, vor denen sich Shen Te Skrupel machen müßte, erscheinen sie ungeeignet. Shen Te selbst führt die Schlechtigkeit ihrer ‚Gäste' ja auf die schlechten Verhältnisse zurück, die auch ihre Schwierigkeiten mit Lin To verursachen, also nicht als ihr Verschulden angesehen werden können. Inkonsequent urteilen auch Shen Tes Gäste. Sie werfen ihr ihre Menschenfreundlichkeit vor, von der sie selbst profitieren. Die Erfindung des menschenverachtenden Vetters Shui Ta dient ja gerade dazu, diese Quelle der Menschenfreundlichkeit zu erhalten.

Frau Mi Tzü fordert Auskünfte über Shen Te

Doch schon der Auftritt der Hausbesitzerin Mi Tzü läßt vermuten, daß ein verändertes Verhalten allein, wie es der erfundene Vetter zeigen soll, nicht alle Probleme lösen wird. Denn die wohlhabende Frau Mi Tzü läßt sich nicht so einfach abwehren wie der arme Schreiner Lin To. Ähnlich wie die Götter im Vorspiel bedient sich Frau Mi Tzü einer poetisch verklärenden Sprache. Für den Zuschauer muß es wie bitterer Hohn klingen, wenn sie angesichts des Bankrotts, der dem gerade eröffneten Laden droht, feierlich erklärt:

„Ein schöner Augenblick, die Eröffnung eines kleinen Geschäftes."

Frau Mi Tzü liebt nicht nur die schönen Worte, sie führt sich auch als Vertreterin der Moral ein. Da nach ihren Worten ihr Haus ein „respektables" ist, verlangt sie Auskünfte über Shen Te, bevor sie den Mietskontrakt unterschreibt. Zunächst läßt sie sich zwar an den Vetter verweisen. Da jedoch Shen Te und ihre Gäste annehmen müssen, daß sich die Vergangenheit der Gastgeberin kaum verbergen läßt, herrscht angesichts der Forderung von Frau Mi Tzü große Niedergeschlagenheit, zumal in diesem Augenblick weitere Mitglieder der obdachlosen Familie, der Großvater mit einem Jungen, eintreffen. In dieser Situation singen Shen Tes ‚Gäste' „Das Lied vom Rauch", damit, wie die Frau sagt, „die Gastgeberin etwas Unterhaltung hat". In Wirklichkeit jedoch tragen in dem Lied drei Generationen ihre bitteren Erfahrungen vor.

„Das Lied vom Rauch": Resignation der Armen

Der Großvater und der Mann erzählen vom Los des armen Mannes, der sich weder durch Güte noch durch Schlechtigkeit helfen kann. Aufgrund dessen, was sie vom Hörensagen erfahren hat, spricht die Nichte ihre Erwartungen aus: Das noch offene Tor zur Zukunft führt für die Armen „nur ins Nichts".

Der Song ist einerseits Teil des Bühnengeschehens, innerhalb dessen er die Situation der Ratlosigkeit überbrücken soll. Andererseits beleuchtet er für das Publikum das Bühnengeschehen. Hatte Shen Te in ihrem ‚Geständnis' vor den Göttern bekannt, daß die Einhaltung der Gebote durch materielle Not unmöglich gemacht wird, so erfährt der Zuschauer nun, daß die Armen sich aus ihrer Situation weder durch gutes noch durch schlechtes Verhalten befreien können. Im Gegensatz zu den Akteuren auf der Bühne, die ihre Situation als schicksalhaft und damit als unveränderbar erfahren, ist dem Zuschauer seit dem Vorspiel die Frage präsent, ob die Welt so bleiben könne, wie sie ist, oder einer grundsätzlichen Veränderung bedürfe. Im Gegensatz zu den Göttern mußte er schon aufgrund des Geschehens im Vorspiel für die Notwendigkeit einer Veränderung plädieren. Das als Bezahlung ausgegebene Geldgeschenk der Götter erweist sich im ersten Bild als höchst unzureichender Lösungsversuch. Warum können sich die Armen aus ihrer Not nicht befreien? Wenn er sich auf das Denkexperiment, das ihm das Bühnengeschehen stellt, eingelassen hat, muß sich der Zuschauer als logische Konsequenz aus den bisherigen Ereignissen für das folgende Bühnengeschehen diese Frage stellen.

Zunächst aber ist mit der Erfindung Shui Tas eine

neue Versuchsbedingung eingeführt, mit der sich die Frage erhebt, ob das schlimme Mittel, der kaltherzige Shui Ta, in der Lage ist, dem guten Zwecke, Shen Tes Hilfsbereitschaft, zu dienen?

Wird Shui Ta Shen Tes Probleme lösen?

Zwischenspiel. Unter einer Brücke

Kitsch-Elemente der Traumszenen

Das Zwischenspiel steht in komischem Kontrast zur Wirklichkeit Shen Tes. Das Illusionäre von Wangs Traumwelt, die ihn Zwiesprache mit den Göttern halten läßt, und die Fadenscheinigkeit der Götter und ihrer Argumente wird durch die offensichtlich kitschigen und damit ‚unwahren' Elemente der Szene, durch die musikalische Untermalung wie das ‚Durchsichtigwerden' der Böschung, wo Wang seinen Schlafplatz hat, deutlich.

Rückblick auf das Bühnengeschehen

Dieses Zwischenspiel bringt wie die folgenden, in denen die Götter Wang im Traum erscheinen, keinen Fortgang der Handlung. Vielmehr enthalten sie einen Rückblick auf schon Geschehenes und bilden damit für den Zuschauer Anlaß zu erneuter Reflexion. Zugleich wird die Ausgangssituation des Vorspiels mit den von den Göttern selbst gesetzten Bedingungen durch diese Einschübe ausdrücklich in Erinnerung gerufen. In dieser Szene zeigen sowohl Wang als auch die Götter im Vergleich mit dem Zuschauer Informationslücken. Aus unterschiedlichen Motiven haben sich sowohl Wang als auch die Götter im Vorspiel fluchtartig vom Schauplatz der Handlung davongemacht: Wang aus Furcht vor einer Strafe der Götter, diese, weil sie sich die Illusion nicht rauben lassen wollten, in Shen Te einen guten Menschen gefunden zu haben. Sie glauben nun, besser informiert zu sein als der kleingläubige Wang, und teilen diesem im Bewußtsein ihrer Überlegenheit mit, daß sie in Shen Te einen guten Menschen gefunden haben. Vor dem Zuschauer entlarven sie jedoch ihre Borniertheit um so deutlicher, wenn sie in Unkenntnis der augenblicklichen Situation Shen Tes, die im Bühnengeschehen des

Borniertheit der Götter

1. Bildes offenkundig gewordene Tatsache, daß die Guten keineswegs gut leben können, als „Gerede“ abwerten und Wang beauftragen, von Shen Te, auf daß sie gut bleiben könne, Güte zu verlangen. Daß Güte tatsächlich von ihr verlangt wird, hat aber Shen Te gerade in höchste Bedrängnis gebracht, in der die Erfindung des ‚bösen‘ Shui Ta das einzige Mittel erscheint, die wirtschaftliche Grundlage dieser Güte, den Laden, zu erhalten.

2. Bild: Der Tabakladen. Kann Shui Ta Shen Tes Bedürfnis nach sozialem Verhalten retten?

Shui Ta wurde von Shen Tes ‚Gästen‘ erfunden, um zu verhindern, daß sie noch mehr Menschen Hilfe gewährt. Dennoch scheinen diese die Identität von Shen Te und Shui Ta am Anfang dieser Szene nicht zu durchschauen. Jedenfalls herrscht große Überraschung, als die gegen die feindliche Umwelt selbst aufgebaute Strohfigur tatsächlich den Laden betritt. Shen Te spielt die Verhaltensweisen, die ihr mit der Maske des Shui Ta souffliert wurden, konsequent durch. Die erhoffte Rettung kehrt sich gegen diejenigen, die geglaubt haben, daß ausgerechnet sie mit heiler Haut davonkommen würden. Denn als Shui Ta läßt auch Shen Te sich ausschließlich von dem Grundsatz der Selbsterhaltung leiten. Dementsprechend sieht Shui Tas erste Aktion auf der Bühne aus: Er kündigt der Schar seiner Gäste die Gastfreundschaft auf. Noch versuchen diese den Hinauswurf einfach zu überhören und wollen den Laden sogar zur Ausgangsbasis von kleinen Diebereien machen. Das Publikum indes erhält Gelegenheit, zu studieren, wie Shui Ta mit den Forderungen des Schreiners Lin To fertig wird. Shui Tas Verhalten steht in schärfstem Kontrast zu dem Shen Tes. Hatte diese die Ansprüche des Schreiners grundsätzlich anerkannt und Mitgefühl mit ihm und seiner Familie gezeigt, so dient Shui Ta die Armut seines Verhandlungspartners dazu, sie zum eigenen

Shui Tas oberster Grundsatz: Selbsterhaltung

Vorteil zu benutzen. Messerscharf erkennt er, daß gerade die Verelendung Lin Tos die schwache Stelle ist, die es ermöglicht, den Preis der Stellagen zu drücken. Lin Tos Argumentation, daß es sich um handwerkliche Maßarbeit handelt, nutzt er geschickt im eigenen Interesse. Ihn läßt der Arbeitsaufwand Lin Tos ungerührt; nur der Preis, den er beim Wiederverkauf fordern kann, ist für ihn interessant. Da sich unter diesem Gesichtspunkt Lin Tos Maßarbeit als wertmindernd erweist, bleibt er hart, und der Schreiner muß die Stellagen schließlich zu einem Schleuderpreis an Shui Ta abgeben.

Shui Ta nutzt Lin Tos Schwäche

Shen Te hat die Maske des Shui Ta nur angelegt, um ihre Guttaten als Shen Te fortführen zu können. Doch schon jetzt zeigt sich ein im Grunde unvereinbarer Widerspruch der Interessen Shen Tes und Shui Tas: Shui Ta kann gar nicht wünschen, daß den Armen, in diesem Falle dem Schreiner, geholfen werde; profitiert er doch gerade von dessen Elend. Noch immer haben Shen Tes ‚Gäste' nicht bemerkt, daß sie sich in Shui Ta buchstäblich ihren eigenen Metzger gewählt haben. „So muß man diese Typen behandeln", jubelt die Frau Shui Ta zu, ohne zu bemerken, daß sie mit ihrer Begeisterung prinzipiell auch den Hinauswurf ihrer Familie billigt, den Shui Ta geschickt bewerkstelligt. Ihm kommt ein Polizist, der sich dem Laden nähert, gerade gelegen. Er freundet sich mit dem Hüter der Ordnung an und läßt den Jungen, der mit Diebesbeute für seine Familie ankommt, kaltblütig in die Falle laufen. Als die gesamte Familie, von der er sich vor dem Polizisten deutlich distanziert, abgeführt wird, hat er das Problem mit seinen Gästen auf seine Weise gelöst.

Beifall für Shui Ta von seiten der Gäste

Der Polizist schafft Shui Ta die ‚Gäste' vom Hals

Nicht so leicht gelingt es Shui Ta, mit der Hausbesitzerin fertig zu werden. Wieder argumentiert diese mit der Moral. Zweierlei macht sie Shen Te zum Vorwurf: Einmal, daß sie Obdachlose aufgenommen, zum anderen, daß sie von Prostitution gelebt hat. Ihre Moral, mit deren Hilfe sie die schwachen Punkte Shen Tes, die auch Shui Ta bei dem Schreiner Lin To zum eigenen Vorteil herauszufinden wußte, aufspürt, dient ihr dazu, den Preis für die Ladenmiete auf 200 Silberdollar im Halb-

Frau Mi Tzü nutzt Shen Tes Schwäche

jahr, zahlbar im voraus, hochzutreiben. Da versagt auch Shui Tas Härte, weil er über diese Summe einfach nicht verfügt, und er verlegt sich aufs Bitten. In einer Umwertung aller für Shen Te gültigen Werte bekennt sich Shui Ta zu Frau Mi Tzüs Moral, ein Bekenntnis, das dem Zuschauer deren wahres Gesicht verdeutlicht. Als ‚unverzeihlichen Fehler' bezeichnet er es gegenüber dieser Repräsentantin der Wohlanständigkeit, daß Shen Te „Unglücklichen Obdach" gewährt hat. Im Unterschied zu Lin To ist die Hausbesitzerin gegenüber Shui Ta in der wirtschaftlich überlegenen Position. Deshalb kann sie ihre Interessen durchsetzen und den Mietpreis nach Gutdünken festsetzen. Shui Ta muß den Laden räumen, falls er die 200 Silberdollar nicht auftreiben kann. Doch da erweist es sich als Glücksfall, daß sich Shui Ta als Stütze der Ordnung verdient gemacht hat. Er zieht den Polizisten ins Vertrauen und faßt im Gespräch mit diesem seine Erfahrungen zusammen:

> „Härte und Verschlagenheit helfen nur gegen die Unteren."

‚Ware Liebe' oder wahre Liebe?

Mit zwei durch Herrn Shui Ta überreichten Zigarren in der Tasche philosophiert der Polizist über die wahre Liebe, die man nicht verkauft, „sonst ist es käufliche Liebe". Seine platten und hilflosen Begründungsversuche zeigen, daß er Ideale nachplappert, die er selbst nicht vertreten kann. Sein Urteil über Shen Tes Vergangenheit gründet sich auf die Wertsetzungen der bürgerlichen Moral, deren Widersprüchlichkeit schon aufgrund von Frau Mi Tzüs auf den eigenen Vorteil bedachten Argumentation mit der Moral durchschaubar wurde. Vollends entlarvend ist der Vorschlag, den der Polizist im Widerspruch zu seiner Rede unterbreitet. Da er klar erkennt, daß sich Shui Ta nur retten kann, wenn er sich Kapital verschaffen kann, schlägt er vor, Shen Te zu verheiraten. Kaum der Situation entronnen, sich selbst verkaufen zu müssen, sieht sie sich als Shui Ta in der Rolle von Verkäufer und Ware zugleich, nur mit dem Unterschied, daß der ‚kluge Rat' des Polizisten sich im Rahmen dessen bewegt, was die gesellschaftlichen Normen gutheißen.

Shui Ta braucht Kapital

In dieser Szene kann der Zuschauer anhand des Bühnengeschehens erkennen, daß zwischen Shen Tes natürlichem Bedürfnis nach Menschenfreundlichkeit und den herrschenden Normen der Gesellschaft, in der sie lebt, ein unversöhnlicher Widerspruch besteht. Während Shui Ta den respektablen Vertretern der Stadt keineswegs als böse gilt, weil er lediglich den allgemeinen Verhaltensnormen entspricht, führt Shen Tes Bedürfnis nach sozialem Verhalten nicht nur zur Selbstpreisgabe, sondern gilt zudem als Verfehlung. Wenn die Götter also daran festhalten, daß die bestehende Welt nicht verändert werden muß, liefern sie mit ihrer Behauptung, daß moralisch gutes Verhalten allein vom guten Willen des Individuums abhänge, Leuten wie Frau Mi Tzü nur ein Alibi für Verhältnisse, deren Normen grundsätzlich unsoziales Verhalten fordern. Die Moral, als deren Hüter sich die Götter verstehen, dient den Besitzenden als bloßer Vorwand. Der eigentliche Nerv der Dinge, auf den sich auch Shui Ta verwiesen sieht, wenn er Shen Tes Laden retten will, ist, wie ihn der Polizist belehrt, der Besitz von Kapital. Mit der Heiratsannonce fällt ein neues Stichwort, das die Spannung auf den Gang der Ereignisse aufrecht erhält. Wird es Shui Ta auf diese Weise gelingen, das fehlende Geld zu beschaffen? Wird es gelingen, mit Hilfe von Shui Ta Shen Tes Bedürfnis nach Freundlichkeit zu verwirklichen?

Die gesellschaftlichen Verhältnisse fordern unsoziales Verhalten

Hilft eine Heirat Shen Tes aus der Not?

3. Bild: Abend im Stadtpark. Kann Shen Te sich wahre Liebe leisten?

Im Stadtpark begegnet Shen Te zwei Prostituierten, die trotz des regnerischen Wetters nach Kunden Ausschau halten. Shen Te jedoch befindet sich auf dem Weg ins Teehaus, um dort einen heiratslustigen Witwer zu treffen. Unter einem Baum entdeckt sie den stellungslosen Flieger Sun, der sich aus Verzweiflung erhängen will. Da er gerade schon von den beiden Prostituierten gestört wurde, versucht er Shen Te schroff abzuwimmeln: „Mit mir ist kein Geschäft zu machen“. Ein Gespräch kommt nur stockend zustande. Schließlich läßt er sich überreden, Shen Te die Gründe seiner Verzweiflung mitzuteilen.

Wunsch nach Selbstverwirklichung: „Ich aber bin ein Flieger“

Für ihn, der seine Selbstverwirklichung allein im Fliegen sieht, ist seine Lage als stellungsloser Flieger Anlaß zu völliger Verzweiflung. Obwohl aus seinen Worten zu schließen ist, daß auch andere Kollegen sich in dieser Situation befinden, hält er seine Lage für unvergleichlich, da er für sich beansprucht, der einzige wirkliche Flieger zu sein, für den das Fliegen keine Arbeit wie irgendeine andere, vielmehr identisch mit seinem Leben ist. Die Verzweiflung Suns weckt Shen Tes Mitgefühl. Ohne nach den Ursachen von Suns Arbeitslosigkeit genauer zu fragen, träumt sie von besseren Zeiten, die Sun keinen Anlaß zu seinem verzweifelten Vorhaben bieten würden:

Wunschträume Shen Tes

> „In unserem Lande
> Dürfte es trübe Abende nicht geben.“

Was muß das für ein Land sein? Die beiden vorangegangenen Bilder haben den Zuschauer darüber schon gründlich informiert. Shen Te träumt auch über ihre eigene Situation hinaus, wenn sie erzählt:

> „Ich bin eine Reiche, sagte ich.
> Ich gehe allein. Ich schlafe allein.“

Durch Sun wird sie auf den Boden der Tatsachen zurückgebracht:

> „Aber jetzt heiratest du einen? Den im Teehaus am Teich.“

Um Sun aufzuheitern, versucht sie ein möglichst optimistisches Bild der Welt zu entwerfen, das allerdings ihren eigenen Erfahrungen widerspricht. Wie die Götter macht sie menschenfreundliches Verhalten zu einer Tugend des einzelnen. Unbekümmert um ihre Erfahrungen unter der Maske des Shui Ta erklärt sie, daß Bosheit „bloß eine Art Ungeschicklichkeit“ sei. Auch Suns egozentrische

Identifikation mit seinem Fliegerberuf interpretiert sie als „Freundlichkeit". Aus seiner Faszination durch die Technik hört sie mehr eine Art von sozialem Engagement heraus und träumt Sun als Flieger, der „den Freunden im fernen Land/Die freundliche Post" überbringt.

Wunschträume des Wasserträgers

Private Wunschträume von einer besseren Welt trägt auch Wang in seinem „Lied des Wasserverkäufers im Regen" vor. Die geringe Nachfrage nach seiner Ware, die wegen des Regens herrscht, erweckt in ihm den Wunschtraum von der großen Dürre, die das jetzt im Überfluß vorhandene Wasser zur heißbegehrten Mangelware werden läßt. Eine Perspektive, wie Wang seine armselige Existenz verbessern könnte, bietet diese Wunschvorstellung allerdings ebenso wenig wie Shen Tes freundliche Geste: Sie kauft trotz des strömenden Regens einen Becher Wasser.

Durch die Begegnung mit Sun wird das Heiratsprojekt für Shen Te zum Konflikt. Wird sie noch bereit sein, eine Geldheirat einzugehen, nachdem sie sich in Sun verliebt hat?

Zwischenspiel. Wangs Nachtlager in einem Kanalrohr

Bericht über Shen Tes Schwierigkeiten

Wieder berichtet Wang den Göttern über ihren guten Menschen. Begierig vernehmen sie die Aufzählung guter Taten; den zögernden Bericht Wangs über Zahlungsschwierigkeiten beantworten sie mit Forderungen und Mahnungen:

> „Ganz gleich, man bezahlt, was man schuldig ist."

Starrsinnig halten sie an ihrer Trennung von Moral und Geschäft fest:

> „Was haben Geschäfte mit einem rechtschaffenen und würdigen Leben zu tun?"

Die Zwangslage Shen Tes, die ihre Maskierung als Shui Ta notwendig machte, hat das Publikum

Reaktion der Götter: Forderungen und Emotionen

anders belehrt. Wang erzeigt den Göttern eine Ehrerbietung, die ihnen aufgrund des Kenntnisstandes der Zuschauer nicht gebührt. Diese wissen inzwischen genug über die Verhältnisse in Sezuan, um zu erkennen, wie naiv Wang urteilt, wenn er Shui Tas moralische Integrität damit beweisen will, daß ihn „sogar die Polizei" schätzt. Der Ordnungshüter ist ja keineswegs ein Hüter der Menschlichkeit; er vertritt vielmehr die Interessen von Leuten wie Shui Ta oder der Hausbesitzerin, der Hilfsbereitschaft als ‚unverzeihlicher' Fehler gilt. Die Götter unterstützen durch ihren Grundsatz, daß sie sich in das „Wirtschaftliche" nicht einmischen wollen, die Position von Leuten wie Frau Mi Tzü, weil sie diese von jeder moralischen Verantwortung für das Elend, das sie geschickt zu nutzen verstehen, freisprechen, indem sie behaupten, daß Geschäfte und Moral nichts miteinander zu tun haben. Für das Publikum wirken die Götter in erster Linie komisch. Da sie im Grunde jede Basis einer vernünftigen Argumentation preisgegeben haben, bleiben ihnen nur noch hilflose Drohgebärden: Sie sind verschnupft und entfernen sich schimpfend.

4. Bild: Platz vor Shen Tes Tabakladen. Kann Shen Te zugleich zu sich selbst und zu anderen gut sein?

Am Morgen kommt Shen Te von Suns Viertel zurück und erzählt dem Publikum, wie sie in ihrer verliebten Stimmung die morgendliche Stadt erfahren hat. Das Rendezvous mit dem Witwer hat Shen Te offensichtlich versäumt, die Miete für den Laden fehlt also nach wie vor. Shen Te jedoch nimmt diese Konfliktsituation im Augenblick gar nicht wahr; sie ist „leichtsinnig heute" und kauft sogar, um sich für Sun schön zu machen, einen Shawl.

Straßenszene: Konfrontation von Kontrasten

Die Straßenszene, nach Brechts eigener Ansicht für das epische Theater in besonderer Weise geeignet, ermöglicht es, Kontraste auf engstem Raum nebeneinander zu stellen. Während sich die Bittsteller vor

Shen Tes Ladentür drängen und unwillig auf ihre Rückkehr warten, läßt sich keiner der Armen vor der Barbierstube und dem Teppichladen blicken. Haben die Besitzer kein so ‚gutes Herz' wie Shen Te? Daß Hilfsbereitschaft alleine jedoch rasch zum wirtschaftlichen Ruin führt, wenn man sich nicht auf die Bedingungen einläßt, die der Kampf ums Überleben in Sezuan fordert, konnte der Zuschauer schon beobachten. Besonders gut scheint sich darauf in Shen Tes Viertel der „dicke Barbier" Shu Fu zu verstehen, der es zu auffälligem Wohlstand gebracht hat.

Herr Shu Fu erteilt Wang „eine Lektion"

Zu Beginn der Szene treibt er Wang, der in seinem Barbierladen Wasser feilbieten wollte, vor die Tür und erteilt ihm „eine Lektion", indem er ihm mit der schweren Brennschere so heftig auf die Hand schlägt, daß Wang sie nicht mehr bewegen kann. Scharfsinnig erkennt Herr Shu Fu, daß die Anwesenheit des Hungerleiders Wang in seinem Laden geschäftsschädigend wirken könnte. Denn wie Frau Mi Tzü Armut für unanständig hält, beurteilt auch der Barbier – gewiß in Übereinstimmung mit seiner Kundschaft – den armseligen Wang als „Halunken", gegen den er sich zur Anwendung von Gewalttätigkeiten berechtigt fühlt. Bescheidener ist der Wohlstand der Teppichhändler, bei denen Shen Te den gebrauchten Shawl kauft. Die Tatsache, daß vor ihrem Laden Bittsteller keine Chance sehen, weist darauf hin, daß sie sich auf die geltenden Normen, die derjenige einhalten muß, der überleben will, einigermaßen verstehen. Dennoch sind sie nicht ohne Mitgefühl. Wohl aus diesem Grund bringen sie der hilfsbereiten Shen Te besondere Sympathie entgegen. Sie bieten ihr an, das fehlende Geld für die Miete zu leihen – zum einen, weil sie den Plan mit der Heiratsannonce mißbilligen, zum anderen, weil ihnen die Person Shen Tes die Gewähr zu bieten scheint, daß sie wieder zu ihrem Geld kommen.

Ein Glücksfall: Die Teppichhändler borgen Shen Te Geld

Als Shen Te wieder zu ihrem Laden zurückkehrt, wird sie nicht nur dringend von einer Schar von Bittstellern erwartet; sie erfährt auch, daß Herr Shu Fu Wang mit der Brennschere auf die Hand geschlagen hat. Als sie Wang zum Arzt schicken will, wird ihr entgegengehalten, daß der Wasserverkäufer aus der verletzten Hand mehr Profit ziehen könne, wenn er Herrn Shu Fu verklagt. Doch keiner der Anwesenden will den Vorfall bezeugen, obwohl sie alle gesehen haben, was geschehen ist. So sieht sich Shen Te zu dem Versprechen veranlaßt, zu bezeugen, was sie mit eigenen Augen nicht beobachtet hat. Sicher beurteilen diese Menschen ihre Lage richtig, wenn sie sich von ihrer Zeugenschaft vor Gericht wenig versprechen, da ihresgleichen von vornherein als ‚Halunken' gelten. Die Resignation, die aus dieser Erfahrung resultiert, bringt die Schwägerin mit den Worten zum Ausdruck:

Passivität der Armen

> „Wir können die Welt nicht ändern."

Indem sie sich aber von vornherein jede Chance einer möglichen Veränderung absprechen, billigen sie stillschweigend die Gewalt, die einem Mitmenschen zugefügt wurde. So also sieht die Welt aus, die nach der Meinung der Götter erhalten bleiben kann, wie sie ist. Das Stillschweigen dieser Menschen, die Ungerechtigkeiten als unvermeidliches Schicksal hinnehmen, erregt Shen Tes Empörung, die sie, zum Publikum gewendet, in einer Sprache zum Ausdruck bringt, die an die Worte der Propheten im Alten Testament erinnert:

> „Wenn in einer Stadt ein Unrecht geschieht,
> muß ein Aufruhr sein
> Und wo kein Aufruhr ist, da ist es besser,
> daß die Stadt untergeht
> Durch ein Feuer, bevor es Nacht wird!"

Hoffnung auf ein Gottesgericht

Shen Te protestiert nicht nur gegen das Unrecht, sie spricht zum ersten Mal auch aus, daß etwas dagegen unternommen werden müsse. Zugleich bringt die apokalytische Vision des Untergangs, mit der sie auf das geschehene Unrecht reagiert, aber auch ihre Hilflosigkeit zum Ausdruck. Die Götter werden kein Feuer vom Himmel auf die Stadt regnen lassen. Der Zuschauer muß sich also fragen, woran es liegt, daß sich die Armen nicht einmal die geringste Hoffnung machen können, einen Zustand zu verändern, der sie nicht nur an die Armut gefesselt hält, sondern ihnen darüber hinaus das Recht verweigert, sich gegen die Reichen, die das Recht auf ihrer Seite haben, zu wehren.

Neue Geldsorgen

Getäuscht hat sich Shen Te auch in dem Glauben, daß ihre eigenen Probleme mit Hilfe der 200 Silberdollar, die sie von den Teppichhändlern erhalten hat, gelöst seien. Schon tauchen neue Schwierigkeiten auf. Suns Mutter erscheint und appelliert an Shen Tes Hilfsbereitschaft: Sun könnte ans Ziel seiner Wünsche gelangen und eine Fliegerstelle erhalten, wenn er die nötige Bestechungssumme aufbrächte. Ohne zu überlegen opfert Shen Te für die Selbstverwirklichung Suns die 200 Silberdollar, die sie eigentlich dringend zur Sicherung der eigenen Existenz benötigte. Doch Sun fehlen noch immer 300 Silberdollar. Wieder zeigt sich, wie sehr die Akteure auf der Bühne, Shen Te eingeschlossen, sich täuschen lassen, wenn sie darauf hoffen, durch Einfälle oder Glücksfälle ihre Situation verändern zu können. Ebensowenig wie das Geld, das Shen Te von den Göttern erhalten hat, kann die geliehene Summe zur Bewältigung ihrer Probleme dienen. Immer mehr kristallisiert sich für den Zuschauer heraus, daß gerade die kleinen Listen und glücklichen Zufälle nur verdeutlichen, daß dadurch weder Shen Tes Konflikte noch die schlimme Lage ihrer Mitmenschen dauerhaft gebessert werden kann. Um die fehlenden 300 Silberdollar aufzubringen, entschließt sich Shen Te ein zweites Mal, die Maske Shui Tas anzulegen, um mit Hilfe dieser Maske Freundlichkeit zu ermöglichen. In ihren Wunschphantasien, die durch diese Verwandlung in den hartherzigen Geschäftsmann realisiert werden sollen, träumt sie den Geliebten schon hoch in den Wolken, wie er „Den Freunden im fernen Land / Die freundliche Post“ überbringt. In Wirklichkeit jedoch bedeutet dieser Entschluß, daß Shen Te unter der Maske in ihrer Person unvereinbare Widersprüche vereinbaren will.

Shui Ta muß erneut helfen

Zwischenspiel vor dem Vorhang

Warum stehen die Götter den Guten nicht bei?

Das Zwischenspiel läßt die Zuschauer zu Zeugen von Shen Tes Verwandlung in Shui Ta werden. Noch während sie „Das Lied von der Wehrlosigkeit der Götter und Guten" singt, verkleidet sie sich. Auf der Reflexionsebene des Songs gelingt es Shen Te, ihre Erfahrungen zu resümieren: Von der Hilflosigkeit der Guten und der Machtlosigkeit der Götter spricht sie noch als Shen Te. Indem sie sich verkleidet und die Rolle des Shui Ta mit einigen Schritten „in seiner Gangart" erprobt, nennt sie die Gründe, die sie zu der erneuten Maskierung zwingen:

> „Die Guten / Können in unserem Lande nicht lang gut bleiben."

Schon hinter der Maske des Shui Ta richtet sie an die Götter die verzweifelte Frage:

> „Warum stehn sie den Guten nicht bei mit Tanks und Kanonen
> Und befehlen: Gebt Feuer! und dulden kein Dulden."

Die Götter wollen nicht eingreifen

Daß ein veränderndes Eingreifen in den schlechten Zustand der Welt dringend notwendig wäre, bemerkt nun auch Shen Te. Für den Zuschauer ist aber zu diesem Zeitpunkt schon deutlich erkennbar, was Shen Te noch nicht bewußt ist. Wenn sie an die Verantwortung der Götter für die Welt appelliert, wendet sie sich von vornherein an die falsche Instanz. Denn die Götter leugnen beharrlich gegen allen Augenschein, daß zwischen dem moralischen Verhalten der Menschen und dem schlechten Zustand der Welt ein Zusammenhang bestehen könnte. Mit ihrem Interesse an der Erhaltung eines Zustandes, in dem Ungerechtigkeit gegenüber den Armen nicht zufällig, sondern das herrschende Prinzip ist, stellen sie sich aber in Wirklichkeit auf die Seite der Reichen, wie zum Beispiel der Hausbesitzerin oder des Barbiers, die trotz ihres ungerechten Verhaltens das geltende Recht auf ihrer Seite haben. Als einziger Ausweg der Rechtfertigung einer solchen Existenz bleibt ihnen, die inzwischen durch das Bühnengeschehen erwiesene Tatsache zu leugnen, daß die Guten unter den gezeigten Bedingungen nicht lange gut bleiben können.

5. Bild: Der Tabakladen. Der Konflikt zwischen Shen Te und Shui Ta – Selbstverwirklichung contra Selbsterhaltung

Als Shui Ta empfängt Shen Te im Tabakladen ihren Geliebten Sun, der sich erkundigen will, ob das Geld, das er für die Fliegerstelle benötigt, inzwischen aufgetrieben worden ist. Shen Te hat sich offensichtlich entschlossen, für Suns Selbstverwirklichung als Flieger ihre Existenzgrundlage zu opfern: Shui Ta bietet der Hausbesitzerin Mi Tzü die Tabakvorräte des Ladens zum Kauf an. Im Interesse Shen Tes versucht Shui Ta eine möglichst hohe Summe für den Verkauf des Tabaks herauszuschlagen. Sun jedoch, dem es lediglich darum geht, möglichst rasch an die 300 Silberdollar heranzukommen, die ihm an dem Bestechungsgeld noch fehlen, drängt auf einen raschen Abschluß des Handels. Als sich im Gespräch schließlich herausstellt, daß er gar nicht daran denkt, Shen Te nach Peking, wo er die Fliegerstelle erhalten soll, mitzunehmen, wird klar, daß er nur seine eigenen Interessen im Auge hat und sich nicht einmal darum kümmert, wovon Shen Te leben wird, nachdem sie sowohl die Ladenmiete als auch die Tabakvorräte geopfert hat. Da er sich im Gespräch mit Shui Ta unter Männern fühlt, macht er aus seiner kaltschnäuzigen Verachtung für Shen Tes Gefühle keinen Hehl:

Die Tabakvorräte werden für Suns Interessen geopfert

Sun verachtet Shen Tes Gefühle

> „Sie hat keine Vernunft! Dagegen ist sie zeitlebens mißhandelt worden, armes Tier!"

Die angemessene Darstellung der Veränderung, die diese Äußerungen Suns in Shen Te bewirken, hat Brecht selbst als Schwierigkeit empfunden. Er löst sie, indem er die Enttäuschung Shen Tes, nachdem Sun gegangen ist, durch die Gestik Shui Tas zum Ausdruck kommen läßt. Shui Ta „beginnt herumzulaufen wie ein gefangenes Tier". Dennoch bleibt Shen Te, wenngleich „aufschreiend", in der Rolle des Shui Ta und bezeichnet aus dessen Sicht Shen Tes Liebe als „Schwäche", die zur eigenen Vernichtung führt: „man ist abserviert".

Shui Ta: Liebe ist Schwäche

Die Verwirklichung des Heiratsplanes ist jetzt dringlicher als je zuvor. Die Rettung naht in der Gestalt des Barbiers Shu Fu, nach Auskunft der Shin ein Mann, „der zwölf Häuser besitzt und nur eine einzige und dazu alte Frau". Dieser Herr zeigt Shui Ta gegenüber großes Interesse an Shen Te. In überschwenglichem Pathos preist er Shen Te wegen ihres sozialen Engagements als „Engel der Vorstädte". Um ihr zu gefallen (und um seine eigene Wohltätigkeit selbstgefällig zu Schau zu stellen), bietet er seine Häuser hinter dem Viehhof als Obdach für die Armen an. Seine Begeisterung für Shen Tes Nächstenliebe steht in krassem Widerspruch zu der „Lektion", die er Wang erteilt hat, um ihn künftig von seiner Barbierstube fernzuhalten. Im siebten Bild wird der Zuschauer im übrigen Gelegenheit erhalten, sein Urteil über Herrn Shu Fus Wohltätigkeit zu vervollständigen, wenn er von dem Zustand erfährt, in dem sich die so großzügig zur Verfügung gestellten Häuser befinden.

Selbstgefällige Wohltätigkeit Shu Fus

Im Gespräch zwischen Shui Ta und Shu Fu wird dann über Shen Tes weitere Zukunft verfügt: sie soll sich mit dem Barbier verloben. Wie unvereinbar Shui Tas Verhalten mit dem Shen Tes ist, zeigt die Reaktion des Vetters, als Wang auftritt und erwartet, daß sie ihr Versprechen einlösen und bezeugen werde, daß der Barbier seine Hand verletzt hat. In schärfstem Kontrast zu dem Interesse, das Shen Te in der vorangegangenen Szene für diesen Vorfall gezeigt hat, will sie als Shui Ta nichts mehr damit zu tun haben und schickt den Wasserträger fort, da dem Kalkül Shui Tas eine Zeugenaussage gegen diesen Herrn hinderlich wäre. Als Shui Ta trägt sie also zur Erhaltung des Unrechtszustandes bei, wider den sie als Shen Te das Feuer der Apokalypse auf die Stadt herabgerufen hat.

Widerspruch des Verhaltens von Shen Te und Shui Ta

Im letzten Teil des Bildes setzt erneut eine unerwartete Wende im Handlungsverlauf ein. Sun tritt wieder auf und kann mühelos Shen Te, die in der Zwischenzeit ihre Maske als Shui Ta abgelegt hat, dazu überreden, mit ihm wegzugehen und die geplante Liaison mit Herrn Shu Fu aufzugeben. Shen Te folgt dabei spontan ihren Gefühlen, ohne die möglichen Folgen zu bedenken:

Shen Te folgt ihrem Gefühl

> „Ich will mit dem gehen, den ich liebe.
> Ich will nicht ausrechnen, was es kostet."

Zwischenspiel vor dem Vorhang

Auf dem Weg zu ihrer Hochzeit erklärt Shen Te selbst ihre Handlungsweise widersprüchlich einmal als „Aufruhr der Gefühle", der sie veranlaßt habe, sich „Yang Sun‘ wieder in die Arme" zu werfen. Andererseits beruft sie sich auf die Götter, die, wie sie sagt, gewollt haben, daß sie auch gut zu sich selber sein solle. Indem sie vor dem Publikum eine Klärung unternimmt, was sie unter ‚Gut-sein' versteht, erinnert sie die Zuschauer zugleich an die von den Göttern aufgestellte Bedingung für ein unverändertes Fortbestehen der Welt:

Kann Shen Te zu sich und anderen gut sein?

> „Keinen verderben zu lassen, auch nicht sich selber
> Jeden mit Glück zu erfüllen, auch sich, das ist gut."

Außerdem teilt sie eine Veränderung der Situation mit, die erneut Aufmerksamkeit für Shen Tes Verhaltensweise fordert: Sie fühlt sich dringend verpflichtet, den Teppichhändlern das geliehene Geld zurückzugeben, da der Mann vor Sorge um die verliehene Summe krank geworden ist. Es ist anzunehmen, daß seine Aufregung schlechten Erfahrungen entspringt. Gute Taten bringen in Sezuan offensichtlich keinen Segen; sie bedrohen vielmehr die eigene Existenz. Shen Tes Vertrauen in Sun ist, allen Erfahrungen zum Trotz, ungebrochen: Sie ist überzeugt, daß er bereit ist, auf die Fliegerstelle zu

Gibt Sun seine Interessen preis?

verzichten, damit die beiden alten Leute ihr Geld zurückerhalten können:

> „Er ist nicht schlecht."

Der Zuschauer ist sich da, so wie er bisher Sun erlebt hat, nicht so sicher.

6. Bild: Nebenzimmer eines billigen Restaurants in der Vorstadt. Shen Tes Liebe scheitert an ihrer Nächstenliebe

Im Gegensatz zu Shen Te, die sich zunächst noch der Täuschung hingibt, Sun werde für Shen Tes Akt der Nächstenliebe, die sie hindert, den Rest der Bestechungssumme aufzubringen, Verständnis zeigen, wird der Zuschauer durch ein Gespräch Suns mit seiner Mutter, Frau Yang, zu Beginn der Szene schnell über dessen tatsächliche Reaktion aufgeklärt. Durch Verhandlungen mit dem Vetter will er die fehlende Summe notfalls erpressen:

Hauptperson der Hochzeit: Shui Ta

> „Ihr Vetter wird schnell begreifen, daß der Laden weg ist, wenn ich die 200 nicht mehr herausrücke, weil dann die Gläubiger ihn beschlagnahmen, daß aber auch die Stelle weg ist, wenn ich die 300 nicht noch bekomme."

Die Braut spielt also in dieser Szene von vornherein nur eine Nebenrolle, als Hauptperson wird der Geschäftspartner Shui Ta erwartet. Dieses vergebliche Warten auf den Vetter ist für den Zuschauer nicht ohne Komik, zumal er mehrfach Gelegenheit erhält zu beobachten, wie Frau Yangs unter einer Gefühlsfassade verborgene materielle Interessen durch die Widersprüche zwischen ihren Äußerungen und ihren Gesten entlarvt werden. „Geld ist nicht alles. Es ist eine Liebesheirat!" vertraut sie der Shin an. Welche Rolle – jedenfalls für sie und ihren Sohn – das Geld allerdings bei dieser Angelegenheit spielt, verrät sie, wenn sie hinter Shen Tes Rücken

Vorgetäuschte Gefühle

ihrem Sohn signalisiert, daß die erwartete Hauptperson Shui Ta noch immer nicht in Sicht ist. Als Erklärung für die Verzögerung der Hochzeitszeremonie muß ein leicht durchschaubares Pietätsgefühl herhalten, demzufolge Frau Yang angeblich „altmodisch genug“ ist, „zu meinen, daß ein so naher Verwandter bei der Hochzeit zugegen sein muß“. Im Verlauf der Szene wird immer deutlicher, daß sich Shen Te in ihrer Hoffnung getäuscht hat, Sun werde Verständnis für ihre Nächstenliebe aufbringen, auf die Fliegerstelle verzichten und nach der Hochzeit mit ihr in Sezuan leben. In Wirklichkeit machen Sun und seine Mutter die Hochzeit von dem Erscheinen des Geldgebers Shui Ta abhängig. Shen Tes Erklärung „Wo ich bin, kann er nicht sein“ bezieht sich zunächst auf die gemeinsame physische Anwesenheit von Shen Te und Shui Ta; sie verweist darüber hinaus auf die Unvereinbarkeit verschiedener Bedürfnisse. Shen Tes Bedürfnis nach Nächstenliebe und Freundlichkeit und der Wunsch nach Selbsterhaltung schließen sich aus. Wollte Shen Te, wie sie es im vorangegangenen Zwischenspiel als Willen der Götter deutet, gut zu sich selbst sein, so dürfte sie in der Welt, die von den Grundsätzen Shui Tas bestimmt wird, kein Mitleid mit dem Teppichhändlerspaar haben.

Shen Tes Bedürfnisse im Widerstreit

Ähnlich wie die obdachlose Familie im ersten Bild singt der Bräutigam, nachdem die Hochzeit offensichtlich geplatzt ist, „Das Lied vom St. Nimmerleinstag“, das vom vergeblichen Warten auf die Umkehr der ungerechten Verhältnisse erzählt. Auch hier soll die vorgebliche Unterhaltung der Überbrückung der peinlichen Situation auf der Bühne dienen. Der Song reflektiert aber zugleich auch das Bühnengeschehen, wo vergeblich auf den ‚Retter‘ Shui Ta gewartet wurde. Das Lied entlarvt einerseits die fromme Hoffnung auf Rettung am Tag eines künftigen Gerichtes. Der Zuschauer wird sich aber auch fragen müssen, ob der Sänger, der in seinen widersprüchlichen Wunschbildern der Sehnsucht nach einer gerechteren Welt Ausdruck verleiht, ausgerechnet in Shui Ta einen möglichen ‚Retter‘ erwarten kann.

Warten auf den St. Nimmerleinstag

Reflexion des Bühnengeschehens

Zwischenspiel. Wangs Nachtlager

Parabel von den ‚Leiden der Brauchbarkeit'

Im Traum berichtet Wang den Göttern, daß Shen Te in ihrer Liebe gescheitert ist, „weil sie die Gebote der Nächstenliebe" eingehalten hat. Auffällig ist, daß der gottesfürchtige Wang, obwohl er die Götter noch immer als „Erleuchtete" anspricht, in dieser Szene die Rolle eines belehrenden Erzählers einnimmt. Wang spielt den Göttern vor, er lese ihnen aus einem Buch vor, während er in Wirklichkeit eine Parabel über die ‚Leiden der Brauchbarkeit' erzählt. Wie Schüler versuchen die Götter, Lehren aus dieser Parabel zu ziehen und werden von Wang als ‚Meister' korrigiert.
Die Lehre seiner Parabel, die er als Gleichnis für Shen Tes Situation erzählt, lautet:

„Der Schlechteste ist der Glücklichste."

‚Spielerisches Denken' der Götter

Von Wangs Bitte, in die Verhältnisse in Sezuan einzugreifen, wollen die Götter nichts wissen. Sie sind nach ihrer eigenen Aussage „nur Betrachtende", repräsentieren also gerade jenes „spielerische Denken" der bürgerlichen Ideologen, das Brecht in seinen philosophischen Schriften angeprangert hat. Angesichts des für die Götter offensichtlich tief beunruhigenden Vorschlags von Wang geben sie, ohne ihre Inkonsequenz zu bemerken, sogar eine der Bedingungen preis, die als Voraussetzung gelten sollte, daß die Welt bleiben kann, wie sie ist: Daß es den guten Menschen auch möglich sein sollte, gut zu leben, ist inzwischen vergessen. Um der Notwendigkeit des Eingreifens zu entkommen, geben sie jetzt dem schlechten Leben einen guten Sinn:

„Leid läutert!"

Im übrigen scheinen sie aufgrund schlechter Erfahrungen auch vergessen zu haben, daß auf der Erde ‚genügend' Menschen gefunden werden sollten, die gut sein und gut leben können. Sie klammern sich an den einen guten Menschen, den sie in Shen Te gefunden haben wollen.

7. Bild: Hof hinter Shen Tes Tabakladen. Shen Tes Nächstenliebe scheitert an der Liebe zu ihrem Kind

Shen Tes Situation zu Anfang des siebten Bildes faßt die Shin lakonisch zusammen:

> „Also alles hin! Kein Mann, kein Tabak, keine Bleibe!“

Sun hat die 200 Silberdollar nicht zurückgegeben, so daß Shen Te, um das Geld an die beiden Alten zurückzuerstatten, ihre Tabakvorräte Frau Mi Tzü überlassen mußte.

Shen Te verteidigt Sun

Obwohl Shen Te die Folgen von Suns Verhalten jetzt bitter am eigenen Leibe zu fühlen bekommt, wendet sie gegen die Vorwürfe der Shin in einer auffällig schlichten, fast unbeholfenen Formulierung ein: „Es kommt alles von der Not“. Wie bei ihren ‚Gästen‘ im ersten Bild führt sie Suns Schlechtigkeit auf die elenden Umstände, in denen er zu leben gezwungen ist, zurück. Die Chance, die ein Blankoscheck bietet, mit dem Herr Shu Fu in unmißverständlicher Absicht seine Zuneigung erneut bekundet, nimmt Shen Te nicht wahr.

Vorfreude auf das Kind

Die Entdeckung, daß sie von Sun ein Kind erwartet, läßt Shen Te ihre augenblickliche Situation, jedoch nicht ihre Fürsorge für Wangs verletzte Hand vergessen. Ihre Grundüberzeugung spricht sie in einer Wendung zum Publikum noch einmal deutlich aus:

> „Den Mitmenschen zu treten
> Ist es nicht anstrengend? Die Stirnader
> Schwillt ihnen an, vor Mühe, gierig zu sein.“

Shen Tes Abneigung gegen die ‚Maske des Bösen‘

Mühelos ist es hingegen für Shen Te, den Mitmenschen freundlich zu begegnen:

> „Wie angenehm
> Ist es doch freundlich zu sein! Ein gutes Wort
> Entschlüpft wie ein wohliger Seufzer“.

Auf diesem Hintergrund wird die Bedeutung des Entschlusses, den Shen Te in diesem Bild faßt, erst richtig deutlich. Sie beobachtet, wie ein Kind, das Wang mitgebracht hat, aus Hunger nach Speiseresten im Kehrichteimer fischt. Dieser Anblick bewirkt in Shen Te eine völlige Wandlung. Um ihr Kind vor einem solchen Los zu bewahren, beschließt sie, noch einmal die anstrengende Maske des Bösen anzunehmen, will „Tiger und wildes Tier“ gegenüber allen anderen Menschen werden.

Verwandlung in Shui Ta aus Liebe zu dem Kinde

Als Shui Ta läßt sie die Ballen mit Rohtabak, die ihre einstigen Wirtsleute ihr aus Furcht vor der Polizei zur Aufbewahrung aufgedrängt haben, in die Baracken des Herrn Shu Fu bringen, denn:

> „Die Speisungen ohne Gegendienst werden aufhören. Statt dessen wird jedermann Gelegenheit gegeben werden, sich auf ehrliche Weise wieder emporzuarbeiten.“

Die Gründung der Fabrik mit Hilfe von Rohstoff, Kapital und billigen Arbeitskräften

Die Besitzansprüche, welche die Besitzer des Rohtabaks anmelden, ignoriert Shui Ta eiskalt. Shui Ta macht auch von dem Blankoscheck des Herrn Shu Fu Gebrauch. So verschafft er sich im Handstreich die Voraussetzungen für die Gründung einer Tabakfabrik, die als Existenzgrundlage für Shen Tes ungeborenes Kind dienen soll: Mit den Tabakballen eignet er sich den Rohstoff an; mit Hilfe des Blankoschecks verschafft er sich ein Startkapital; die große Zahl der Armen und Obdachlosen nutzt er als billige Arbeitskräfte; die Baracken, die Herr Shu Fu als Obdach für die Armen angeboten hat, werden als Produktionsstätte benutzt. Gegen alle Zweifel an den von ihm hergestellten Besitzverhältnissen beruft er sich auf die Polizei, die ihm, wie sich gezeigt hat, wohlgesonnen ist. Die Methoden, mit denen Herr Shui Ta zu Werke geht, lassen den Armen nur eine Wahl: Entweder nehmen sie die Arbeitsbedingungen, in die Shui Ta sie im Interesse seiner Zwecke zwingt, widerspruchslos an, oder dieser läßt sie erbarmungslos verhungern. Kein Wunder, daß auch Wang endgültig die Hoffnung aufgeben muß, Hilfe für seine zerschlagene Hand zu finden.

Zwischenspiel. Wangs Nachtlager

Parabel vom selbstmörderischen Verhalten der ‚Guten'

Wie schon im vorangegangenen Zwischenspiel erzählt Wang den Göttern eine Parabel, die er diesmal als Traum verfremdet. Shen Te will „an der Stelle, wo die Selbstmörder gefunden werden", den Ballen der Vorschriften unbeschädigt ans andere Ufer bringen. Wer wie Shen Te die Gebote der Götter, die doch das Leben der Menschen besser machen sollten, einhalten will, verhält sich selbstmörderisch. Wang berichtet den Göttern also in Parabelform, was der Zuschauer im siebten Bild am Bühnengeschehen beobachten konnte. Die Lehre, die aus dieser Parabel zu ziehen wäre, zieht der ‚Lehrmeister' Wang jedoch nicht. Noch immer anerkennt er die Götter als absolute Autoritäten, indem er sie um eine „Erleichterung des Ballens der Vorschriften" bittet. Daß der Widerspruch zwischen dem Anspruch, den die Götter mit ihren Geboten erheben, und deren tödlicher Wirkung im konkreten Lebenszusammenhang Shen Tes ihren unbedingten Gültigkeitsanspruch logisch aufhebt, begreift Wang nicht. In sich widersprüchlich ist, wie sich schon gezeigt hat, dieser Anspruch auf überzeitliche Gültigkeit insofern, als die Götter damit ein sehr ‚menschliches' Interesse verfolgen: Sie wollen ihre Ruhe haben, deshalb soll alles beim alten bleiben. Es soll also nach dem Willen der Götter ein Zustand erhalten bleiben, der für die ‚Guten' wie Shen Te im letzten tödlich ist, den Interessen der Reichen und Mächtigen wie Shui Ta aber nützt. Die scheinbar interesselosen Götter affirmieren (bekräftigen) damit den konkreten Zustand der Ungerechtigkeit.

8. Bild: Shui Tas Tabakfabrik. Der Zusammenhang von ökonomischen Grundbedingungen und herrschenden Wertvorstellungen

Rückblende: Frau Yang erzählt

Die Bühnengeschehnisse dieser Szene werden aus dem beschränkten Blickwinkel von Frau Yang vermittelt. Sie erzählt, wie ihr Sohn mit Shui Tas Hilfe von einem Taugenichts zum Aufseher in der Tabakfabrik aufgestiegen ist. Wie wir es von den Mitteln des Films kennen, werden einzelne Szenen aus Suns Alltag in der Fabrik in die Erzählung eingeblendet. Damit ermöglicht es Brecht dem Zuschauer, Frau Yangs Beurteilung der Ereignisse mit dem ausschnitthaft dargestellten Geschehen zu vergleichen und sich von deren Standpunkt zu distanzieren.

Sun wird Fabrikarbeiter

Eine erste szenische Rückblende zeigt, wie Sun von Shui Ta wegen Bruch des Heiratsversprechens und Erschleichung von 200 Silberdollar angeklagt wurde. Im Gegensatz zu Shen Te hat Shui Ta die Gerichte auf seiner Seite. So blieb, wie Frau Yang resümierend mitteilt, Sun nur die Wahl zwischen „Kittchen oder Fabrik". In dieser Zwangslage vermochte er sich rasch von seinem Traumberuf zu trennen und entschied sich für die Fabrik.

Zwei Vorfälle kommen Sun bei seinem Aufstieg zum Aufseher zugute. Beide werden wieder szenisch in die Erzählung eingeblendet. Einmal ergreift er die Gelegenheit, vor den Augen Shui Tas dem Schreiner Lin To, der nun auch gezwungen ist, in der Fabrik zu arbeiten, einen Ballen Tabak abzunehmen. Gerade in diesem Zusammenhang kann das Publikum studieren, wie innerhalb der bestehenden ungerechten Verhältnisse menschliches Verhalten pervertiert wird. Der Schreiner fühlt sich durch die Hilfe, die ihm geboten wird, an Shen Te erinnert:

> „Ja, wenn sie da wäre, würdest du gleich einen Stein im Brett haben, wenn sie sähe, daß du einem alten Mann so zur Hand gehst."

Suns ‚guter Wille'

Nur scheinbar hat es sich aber um eine hilfsbereite Tat Suns gehandelt, dieser benutzt vielmehr ‚gutes'

Handeln als Mittel für seinen Aufstieg in der Fabrik. Denn Shui Ta kann Suns Verhalten, das er als ‚guten Willen' moralisch aufwertet, als Vorwand nutzen, seinen Arbeitern in Zukunft noch mehr Arbeit abzupressen. So muß der Schreiner, dem es nicht am guten Willen, sondern an Körperkräften fehlt, jetzt drei anstelle von zwei Ballen schleppen. Als Maßstab guten Verhaltens, das belohnt wird, gilt also, was Shui Ta Nutzen bringt.

Die zweite Gelegenheit, seine Eignung für eine gehobene Position zu beweisen, bietet sich Sun bei der Lohnauszahlung. „Heuchlerisch", wie es in der Regieanweisung heißt, macht Sun den Aufseher darauf aufmerksam, daß er ihm mehr Lohn auszahlen will, als ihm zusteht. In diesem Falle macht sich Suns ‚Tugend' der Ehrlichkeit, die er vor den Augen Shui Tas in Szene setzt, bezahlt. Als er dem Tabakfabrikanten außerdem verrät, daß der bisherige Aufseher Kontakte mit den Arbeitern unterhält, hat er sich den Posten eines Aufsehers ‚verdient'. Bei dieser Arbeit, die Frau Yang als „Erfüllung seiner Pflicht" bewertet und damit Shui Tas Interessen zum Maßstab ihrer eigenen Moralvorstellungen erhebt, wird Sun dem Publikum ein viertes Mal vorgeführt.

Tugend, die sich auszahlt

Die Arbeiter singen das „Lied vom achten Elefanten", der von seinem Herrn dazu benutzt wird, die Arbeitselefanten anzutreiben. Die Privilegien, die der Antreiber genießt, dienen nur den Interessen des Herrn, die er vertritt und so zum Verräter an den anderen wird. Die Arbeiter kritisieren Suns Verhalten in dem Lied, er aber singt schließlich sogar mit und beschleunigt mit Hilfe des Rhythmus durch „Händeklatschen" das Arbeitstempo. Frau Yang hält diesen Posten für ‚ehrliche Arbeit', eine Bewertung, deren Fragwürdigkeit der Zuschauer erkennen kann. „Durch Weisheit und Strenge", so urteilt sie, habe Herr Shui Ta aus Sun alles Gute herausgeholt, das in ihm steckt.

Sun als Aufseher

Grundlagen des Kapitalismus

Das achte Bild gibt dem Zuschauer eine präzise Antwort auf die Frage, was die Ursache der schlechten Verhältnisse in Sezuan ist und warum die Armen keine Chance sehen können, aus ihrer Armut herauszukommen. Shui Ta hat den Blankoscheck Shu Fus benutzt, um Kapital zu bekommen, und sich den im Tabakladen Shen Tes untergestellten Rohtabak der achtköpfigen Familie angeeignet. Der Besitz von Rohstoff und Kapital ermöglicht es ihm, aus der Armut der Menschen in Sezuan Profit zu ziehen, da diese sich gezwungen sehen, ihre Arbeitskraft billig zur Verfügung zu stellen. Weil sie jede Möglichkeit nutzen müssen, etwas zu verdienen, kann Shui Ta die Bedingungen diktieren. Außerdem genießt er die Unterstützung der Gerichte. Aufsteigen wie Sun kann nur derjenige, der die Interessen Shui Tas unterstützt. In einem Zusammenhang, in dem die Berufung auf die Moral nur dann einen Sinn hat, wenn es den Interessen Shui Tas nutzt, kann die Berufung auf überzeitlich gültige Gebote letztlich auch nur der Stärkung seiner Macht dienen, indem sie seine egoistischen Interessen auch noch verabsolutiert und verewigt. In dieser Szene wird also deutlich, daß das ‚böse' Verhalten Shui Tas kein individuelles ist, vielmehr auf der Basis wirtschaftlicher Bedingungen, in diesem Falle der Tabakfabrik, ein System begründet, in dem Menschlichkeit als Mittel zum Zweck pervertiert wird.

9. Bild: Shen Tes Tabakladen. Shen Te und Shui Ta lassen sich nicht vereinbaren

Shen Te verrät sich – Shui Ta gerät in Verdacht

Es wird immer schwieriger, das lange Fernbleiben von Shen Te zu erklären. Ihre Anwesenheit halten die Menschen im Viertel durch Handlungsweisen für bestätigt, die sie Shui Ta nie zutrauen würden. Reisspenden und vor allem die Rückzahlung von Shen Tes Schulden an die Teppichhändler werden als Zeichen dafür angesehen, daß Shen Te auf unerklärliche Weise anwesend sein muß, obwohl sie nirgends zu entdecken ist. Handelt es sich vielleicht sogar um ein Verbrechen Shui Tas? Trotz der Hilfe

Frau Shin als Mitwisserin

der Shin, die sich ihre Verschwiegenheit als einzige Mitwisserin der Identität von Shen Te und Shui Ta teuer bezahlen läßt, wird die Lage aufgrund von Shen Tes Schwangerschaft immer komplizierter. Doch auch äußere Ereignisse führen schließlich dazu, daß der Schwindel der Doppelrolle ans Licht kommt. Vor allem Wang schürt durch seine beharrlichen Fragen nach Shen Te den aufkommenden Verdacht. Durch ihn erfährt Sun, daß Shen Te schwanger ist. Erwachende Vatergefühle veranlassen nun auch ihn zu Vermutungen und schärferen Beobachtungen, um eine Spur von Shen Te zu entdecken. Ein Schluchzen, das er aus dem Nebenzimmer von Shen Tes Tabakladen vernimmt, erregt seine Aufmerksamkeit, bleibt aber schließlich unerklärlich.

Wang sucht nach Shen Te

Sun schöpft Verdacht

Sun versucht nun, die Situation zu seinen Gunsten auszunutzen und erpreßt Shui Ta: Dieser soll ihm die Leitung der Fabrik übertragen; andernfalls will er Schritte unternehmen, um Shen Tes Verschwinden aufzuklären. Als Shui Ta sich weigert, verläßt er die Szene, um die Polizei aufzusuchen.

Nun treten die Hausbesitzerin Mi Tzü und der Barbier Shu Fu auf; auch Shu Fu erkundigt sich dringend nach dem Verbleib von Shen Te, zumal er, ohne daß das erhoffte Rendezvous mit Shen Te zustandegekommen ist, wieder zur Kasse gebeten werden soll: Um weitere Schwierigkeiten mit der Polizei zu vermeiden, braucht Shui Ta Geld, damit er seinen Arbeitern bessere Arbeitsräume zur Verfügung stellen kann. Gerade als die Geschäftsverhandlungen vor dem Abschluß stehen, betreten Wang und Sun, die den Polizisten verständigt haben, den Laden. Zwar versuchen Herr Shu Fu und Frau Mi Tzü, den Fabrikbesitzer zu entlasten. Doch ein Bündel mit Kleidern Shen Tes, das Sun im Laden entdeckt, erhärtet den Verdacht, daß Shui Ta ein Verbrechen begangen haben könnte. Shui Ta muß dem Polizisten zur Wache folgen.

Shu Fu wird ungeduldig

Verhaftung Shui Tas

Zwischenspiel. Wangs Nachtlager

Die Welt ist „unbewohnbar“

Wang berichtet den Göttern ein letztes Mal über Shen Tes Geschick. Der Vetter hat „alles an sich gerissen“ und hält Shen Te, so will Wang es im Traum erfahren haben, gefangen. Doch auch die Götter selbst haben üble Erfahrungen gemacht. Die Anzeichen „mannigfaltiger böser Erlebnisse“ haben ihnen inzwischen das propere Aussehen, an dem sie Wang im Vorspiel zu erkennen glaubte, geraubt. Völlig abgerissene Figuren betreten die Bühne. Sie haben auf ihrer Erdenwanderschaft Erfahrungen gemacht, die denen Shen Tes gleich sind: „Unsere Gebote“, so äußert der dritte Gott, „scheinen tödlich zu sein“. Denn die Welt ist in einem miserablen Zustand; sie ist, wie der dritte Gott zugibt, „unbewohnbar“.

Die Götter verlieren jede moralische Autorität

Doch auch jetzt ziehen die Götter ein veränderndes Eingreifen immer noch nicht in Betracht; trotz aller Mißstände, die sie am eigenen Leibe erfahren haben, halten sie an ihrem egoistischen Interesse fest, daß alles beim alten bleiben soll. Mit diesem stillschweigenden Eingeständnis, daß ihnen letztlich das Wohl der Menschen gleichgültig ist, sprechen diese Götter sich selbst den Anspruch ab, als moralische Autorität über das Leben der Menschen zu richten.

Statt Veränderungen auch nur zu erwägen, beschließen sie, den einen guten Menschen, den sie während ihrer Erdenwanderung getroffen haben, die verschwundene Shen Te, unter allen Umständen zu finden.

10. Bild: Gerichtslokal. Shen Te ist Shui Ta

Die Götter in der Richterrolle

In Sezuan findet nun der Prozeß gegen Shui Ta statt, der Aufschluß über das Verbleiben Shen Tes geben soll. Den Vorsitz führen die Götter, die sich das Richteramt durch gefälschte Zertifikate erschwindelt haben – vermutlich hoffen sie, in dieser Rolle die Suche nach Shen Te besonders wirkungsvoll betreiben zu können.

Der Prozeß

Daß es überhaupt zur Fälschung der Richterzertifikate kommen kann, zeigt, wie es in Sezuan um die Gerechtigkeit der Gerichte steht. Die Zeugenaussagen des Polizisten und der Wohlhabenden, des Barbiers und der Hausbesitzerin, lassen zudem erkennen, an welchen Gesichtspunkten sich die Rechtsprechung in Sezuan orientiert. Die Zeugenaussagen der wohlhabenden und deshalb angesehenen Leute gelten – so wird im Prozeßverlauf deutlich – von vornherein mehr als das, was der „Abschaum des Viertels" vorzubringen hat. Dem positiven Bild, das seine Freunde von Shui Ta entwerfen, widersprechen die Armen energisch. Mit ihren Vorwürfen, in denen sie noch einmal alle bisher von Shui Ta gezeigten unbarmherzigen Verhaltensweisen aufdecken, treiben sie ihn zusehends in die Enge.

Shui Ta wird in die Enge getrieben

Schließlich sieht Shen Te keinen anderen Ausweg mehr, als die volle Wahrheit zu bekennen. Sie bittet die Richter, in denen sie von Anfang an die Götter erkannt hatte, den Saal räumen zu lassen.

Nachdem sie Maske und Verkleidung von sich geworfen hat, legt sie vor den Göttern wie schon einmal im Vorspiel ein ‚Bekenntnis' ab, in dem sie das Fazit ihrer Erfahrungen, die dem Publikum längst bekannt sind, zieht:

Shen Te ist Shui Ta

> „Gut zu sein und doch zu leben
> Zerriß mich wie ein Blitz in zwei Hälften."

Damit präzisiert sie ihre seit dem fünften Bild sich an unterschiedlichen Konflikten herauskristallisierende Erfahrung: Die bestehenden Verhältnisse lassen nicht nur Liebe zu sich selbst und Nächstenliebe zu unvereinbaren Widersprüchen werden, Nächstenliebe führt vielmehr zur Vernichtung des eigenen Lebens, sie ist selbstmörderisch. Deshalb zieht Shen Te in ihrem ‚Bekenntnis' aus ihrer Erfahrung den Schluß:

> „Etwas muß falsch sein an eurer Welt."

An einer Welt, in der sie sich gezwungen sah, um ihre Nächstenliebe, ihre Liebe zu dem Geliebten und zu ihrem Kind zu verwirklichen, die Maske des Bösen anzunehmen.

Selbstpreisgabe der Götter

Mit ihrer Reaktion auf dieses ‚Geständnis' – der erste Gott verkündet mit einem Hammerschlag, daß alles in Ordnung sei – geben die Götter die Basis rationaler Argumentation preis und demonstrieren durch diese Geste, daß sie um jeden Preis ihr Interesse an einer Aufrechterhaltung des bestehenden Zustandes durchsetzen wollen. Indem sie Shen Tes Verhalten als Shui Ta als „Mißverständnis" entschuldigen, heben sie den moralischen Anspruch ihrer Gebote auf unbedingte Gültigkeit selbst auf. Zudem haben sie sich durch Bestechung ein Richteramt erschlichen, das sie zu Repräsentanten und Verteidigern von Verhältnissen macht, in denen das Recht von vornherein auf der Seite der Reichen und Mächtigen steht. Daß diese Götter, die durch ihr Verhalten selbst schon ihre Nichtigkeit offenkundig gemacht haben, nicht wie der Gott antiker Tragödien als rettender *deus ex machina* eingreifen, sondern, nachdem sie in erneutem logischem Salto mortale Shen Te ermahnt haben, „nur gut zu sein", auf daß alles gut werde, als lächerliche Theaterpopanze „ins Nichts" verschwinden, ist nur konsequent. Sie lassen den guten Menschen hilflos in seiner Verzweiflung in einer mörderischen Wirklichkeit zurück.

Epilog

Das Publikum übernimmt die Richterrolle

Wo die Götter als Richter derart versagen, sieht sich das Publikum vor die Aufgabe gestellt, ihre Aufgabe zu übernehmen und den vorgeführten Fall zu beurteilen.

Im Epilog weist ein Schauspieler das Publikum ausdrücklich auf die Aufgabe hin, daß die Lösung von ihm selbst gefunden werden muß. Dabei versucht er in einem eindringlichen Appell, die Resignation als Möglichkeit auszuschließen:

„Es muß ein guter da sein, muß, muß, muß!"

Wenn davon die Rede ist, daß „alle Fragen offen" seien, so kann dies nicht bedeuten, daß Brecht die Zuschauer auffordern will, daß nun ein jeder, so als sei nichts geschehen, nach Hause gehen und sich seinen beliebigen Gedanken über den Zustand der Welt hingeben solle. Zutreffend ist, daß auf der Bühne keine bessere Welt als Lösung vorgeführt worden ist. Der Zuschauer, der sich auf die durch das Bühnengeschehen angeregte Denkbewegung eingelassen hat, wird sich aber bei seinem Lösungsversuch keinen vagen Spekulationen hingeben können, vielmehr folgende anhand der Bühnenereignisse gewonnene Einsichten berücksichtigen müssen:

1. Die Ansprüche der Götter auf absolute moralische Autorität und überzeitliche Erhabenheit über alle menschlichen Interessen sind im Stück relativiert worden. Die Götter vertreten ausgesprochen menschliche Interessen, die auf Erhaltung des bestehenden Zustandes der Welt gerichtet sind. Mit diesen Interessen machen sich die Götter zugleich zu Vertretern der Interessen der Reichen und Mächtigen.

2. Die Gebote der Götter erweisen sich in der Praxis als schädlich für die Menschen. Innerhalb der herrschenden Verhältnisse stehen die Gebote der Nächstenliebe im Widerspruch zur Erhaltung des eigenen Lebens. Gut-sein ist für Shen Te, solange sie sich nicht als Shui Ta an die in Sezuan geltenden Normen hält, ein natürliches Bedürfnis nach sozialem Verhalten, das ursprünglich nicht im Gegensatz zur Liebe zum eigenen Selbst und dessen Erhaltung steht. Erst die herrschenden Verhältnisse erzwingen, daß Selbsterhaltung nur als menschenfeindliches Verhalten im Widerspruch zu den natürlichen sozialen Bedürfnissen zu erreichen ist. Diese Verhältnisse erzwingen die anstrengende ‚Maske des Bösen': Sie setzen Shen Te, den ‚guten' Menschen, in Zwiespalt zu seiner Neigung zur Freundlichkeit, zerreißen ihn „wie ein Blitz in zwei Hälften". Die

Verwirklichung von Nächstenliebe, Liebe zwischen den Geschlechtern und Kindesliebe, die alle in einem einzigen sozialen Bedürfnis nach „Freundlichkeit" ihre Wurzel haben, werden im Individuum in konkurrierende Interessen aufgespalten, die sich gegenseitig ausschließen.

3. Die schlechten gesellschaftlichen Verhältnisse sind nicht das Produkt eines individuellen oder kollektiven ‚bösen Willens'. Wie das achte Bild zeigt, hat der Mißbrauch des Mitmenschen als Mittel zum Zweck seinen Ursprung in den ökonomischen Verhältnissen. Erst die Verfügung über Rohstoff und Kapital ermöglicht es Shui Ta, die Armen seinen Zwecken bedingungslos zu unterwerfen, sie zu Instrumenten seiner eigenen Interessen zu machen und diese Interessen als obersten Wertmaßstab zu verabsolutieren. Ein Prinzip, das dann zur gesellschaftlichen Norm verallgemeinert lautet: Der oberste Wert ist, was dem menschenfeindlichen Prinzip der Selbsterhaltung um jeden Preis nützt. Dieses Prinzip festigt wiederum Shui Tas von Gesetz und Ordnung gestützte Macht, da, wie an Suns Aufstieg ersichtlich, nur der Vorteile erhoffen kann, der sich um Shui Tas Vorteil verdient macht. Unter diesen Voraussetzungen stellt Brecht die Denkaufgabe:

> „Verehrtes Publikum, los, such dir selbst den Schluß
> Es muß ein guter da sein, muß, muß, muß!"

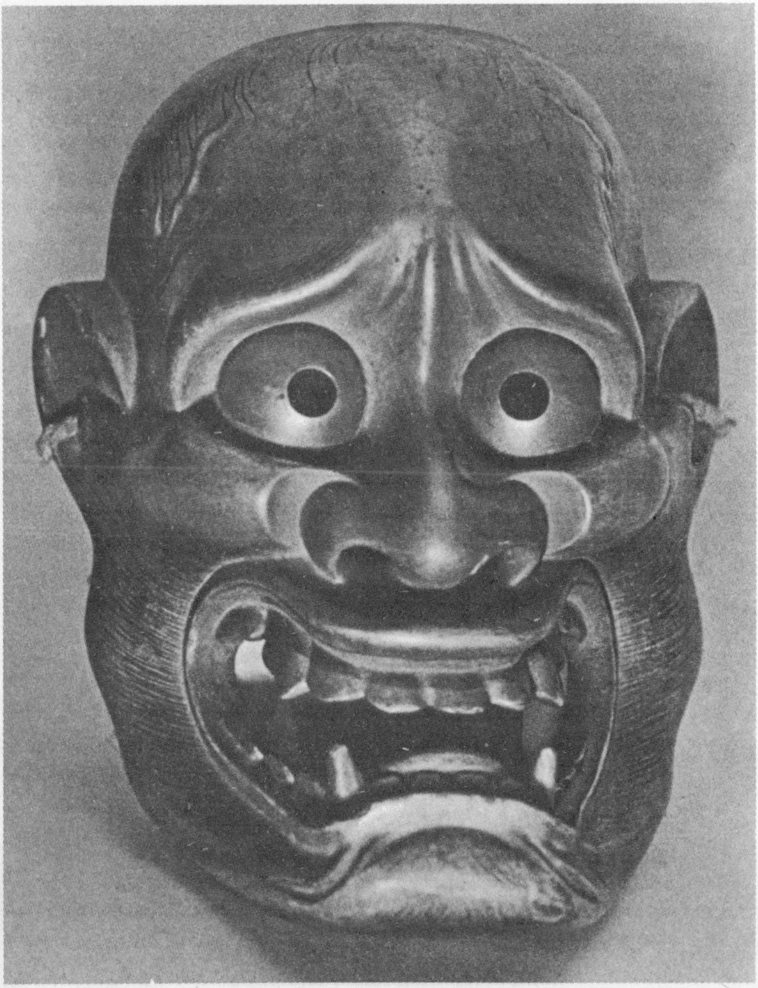

Die Maske des Bösen

An meiner Wand hängt ein japanisches Holzwerk
Maske eines bösen Dämons, bemalt mit Goldlack.
Mitfühlend sehe ich
Die geschwollenen Stirnadern, andeutend
Wie anstrengend es ist, böse zu sein.

Zur Thematik: Der gute Mensch und die Rolle der Götter

Die Thematik des ‚guten Menschen' in der Aufklärung

Brecht als Aufklärer

Brechts Aufforderung zu kritischem Denken läßt sich aus der Tradition der Aufklärung, insbesondere der marxistischen Aufklärung heraus verstehen. In diese Tradition gehört auch das Thema des ‚guten Menschen'. Da ihm weder die Charakterisierung des guten Menschen noch die philosophische Begründung, welche die traditionelle Aufklärung dafür gibt, sachgemäß erscheint, grenzt er sich von dieser kritisch ab; davon später (vgl. S. 55f.).

Dualistisches Menschenbild der traditionellen Aufklärung

Die traditionelle Aufklärung geht von einem dualistischen Menschenbild aus: Sie versteht den Menschen als Sinnenwesen, das von Natur aus Bedürfnisse und Neigungen entwickelt, dessen wahre Bestimmung jedoch in der Verwirklichung seiner von Sinnlichkeit freien Vernunftnatur liegt. Diese bestimmt den Menschen dazu, mit anderen „in einer Gesellschaft" zu leben und sich in dieser „durch Kunst und Wissenschaft *zu kultivieren, zu zivilisieren* und *zu moralisieren*" (Kant, Werke, Bd. 6, S. 678). Mit der Gesellschaft, von der Kant hier spricht, ist zunächst die bürgerliche, schließlich die weltbürgerliche Gesellschaft gemeint, die, wie Lessing seinen Nathan in der Ringparabel andeuten läßt, aufgrund der Vorsehung, die das Werk eines weisen Schöpfers ist, verwirklicht werden kann. Die doppelte Bestimmung der Natur des Menschen verursacht in diesem einen Konflikt zwischen seiner Selbstliebe und seiner sozial-moralischen Bestimmung.

Verwirklichung des Wesens in der Vernunftnatur

Er vermag es jedoch, seine eigentliche Bestimmung als Vernunftwesen zu realisieren, wenn er Triebe und Neigungen unterwirft und sein Verhalten nach allgemeinen Prinzipien ausrichtet, die für alle Menschen in gleicher Weise überzeitliche

Gültigkeit haben. Ein solches Verhalten kann vom Menschen gefordert werden; denn gerade die Vernunft, die den Menschen vor den Tieren auszeichnet, ermöglicht es ja dem Individuum, sein Handeln autonom, das heißt aufgrund freier Willensentscheidung, zu bestimmen. Dem einzelnen steht es demnach frei, das Gute zu wollen und sich dementsprechend zu verhalten. Kant gilt, unabhängig davon, welches Ergebnis das Verhalten eines Menschen in seiner konkreten Situation bewirkt, allein der ‚gute Wille' als Kriterium moralisch richtigen Verhaltens (Kant, Werke, Bd. 4, S. 14).

Voraussetzung der Willensfreiheit

Kants Kriterium der Moral: der gute Wille

Das Thema des guten Menschen wurde auch von der Dichtung der Aufklärung und der Klassik aufgegriffen. Lessing versteht sein dramatisches Gedicht „Nathan der Weise" ebenso wie Goethe sein Drama „Iphigenie auf Tauris" als Beitrag zu einer Erziehung des Menschengeschlechts zur Humanität, das heißt, zu voller Entfaltung aller in ihm angelegten intellektuellen, künstlerisch-kreativen und moralischen Fähigkeiten. Mit ihrer erzieherischen Absicht übernehmen Lessing und Goethe auch die anthropologischen Voraussetzungen der Aufklärung, die den Menschen nicht nur für erziehbar, sondern auch für erziehungsbedürftig hält. Erziehung bedeutet für sie in Anknüpfung an die Philosophie der Aufklärung nichts anderes, als den Menschen zu dem zu machen, wozu er aufgrund seines vernünftigen Wesens bestimmt ist.

Erziehung zur Humanität bei Lessing und Goethe

Der in Lessings dramatischem Gedicht „Nathan der Weise" auf der Bühne beispielhaft vorgeführte Erziehungsprozeß bewirkt bei dem Tempelherrn und beim Sultan aufgrund besserer Einsicht die Befreiung von unvernünftigen Vorurteilen. Erziehung richtet sich bei dem Aufklärer Lessing also primär auf eine Veränderung der inneren Einstellung, die schließlich sogar durch das von der Vorsehung bewirkte gute Ende ‚belohnt' wird. Was der Mensch durch Erziehung erreichen kann, ist eine Veränderung seines Innern. Eine Veränderung der äußeren Umstände ist dadurch zwar einstweilen nicht zu erlangen, schwebt aber als Utopie vor; erreicht kann der utopische Endzustand dann werden, wenn genügend Menschen sich zum vollen

Erziehungsziel: Veränderung des inneren Menschen

Menschsein gebildet haben. In der Realität bleibt dem Menschen nur die Hoffnung auf die weise Lenkung der Welt durch einen gütigen Gott, der in einem künftigen Gericht die Guten belohnen und die Schlechten bestrafen wird.

Das ‚Herz' als oberste sittliche Instanz

Besonders deutlich zeigt sich die Verinnerlichung der Moral an Goethes Iphigenie. Ihr gibt das „Herz" eine verläßliche Orientierung für richtiges Handeln. Als oberste sittliche Instanz tritt es bei Goethe an die Stelle, die in seiner griechischen Vorlage die Verhängnis stiftenden und rächenden Götter des Mythos eingenommen haben. Denn Iphigenie sagt von ihnen: „Sie reden nur durch unser Herz zu uns" (Goethe, Iphigenie auf Tauris I, 3). Als Verkörperung des klassischen Humanitätsideals erhält Iphigenie den Impuls zu moralischem Handeln nicht aufgrund der Gebote äußerer Mächte und Gewalten, sondern aufgrund der freien Entscheidung ihres ‚Herzens'.

Der ‚gute Mensch' bei Brecht

Gemeinsamkeit von Brecht und der traditionellen Aufklärung

Mit der traditionellen Aufklärung teilt Brecht die Auffassung, daß der Mensch sowohl erziehbar ist als auch Erziehung benötigt. Über seinen Appell zu kritischem Denken hinaus verbindet ihn mit dieser Tradition die Vorstellung einer grundsätzlich notwenigen Verbesserung der menschlichen Gesellschaft.

Unterschiede zwischen Brecht und der Aufklärung

Grundsätzlich unterscheidet sich Brechts Menschenbild von der traditionellen Aufklärung; während jene in erster Linie den einzelnen im Blickfeld hatte, rückt Brecht die Gesellschaft in den Mittelpunkt. Bei Brecht hat sich die Fragestellung entscheidend verschoben: Fragte sich die traditionelle Aufklärung noch, zu welchem Ideal hin der Mensch gebildet werden müßte, so ist Brechts Ausgangspunkt: Kann der Mensch innerhalb der herrschenden gesellschaftlichen Verhältnisse überhaupt gut sein?

Brechts Menschenbild

Brecht versteht in Anschluß an Marx den Menschen

als sinnlich-historisches und vergesellschaftetes Wesen, sein „Denken als gesellschaftliches Verhalten“ (Brecht, Politik und Gesellschaft, S. 168), das innerhalb eines objektiven geschichtlichen Prozesses steht, der aufgrund historischer Gegebenheiten das Wesen des Menschen bedingt und seine Handlungsmöglichkeiten einerseits einschränkt, andererseits aber aufgrund von weitertreibenden Widersprüchen Möglichkeiten der Veränderung (sowohl der Verhältnisse als auch der Menschen) eröffnet. Dementsprechend heißt Leben für Brecht, „die Prozesse organisieren, denen er (d.h. der Mensch) unterworfen ist“ (Brecht, Politik und Gesellschaft, S. 144). Brecht übernimmt dazu die Dialektik als Methode des Denkens, die Marx grundsätzlich anders als die philosophische Tradition bestimmt, indem er mit ihrer Hilfe nicht mehr ewig gültige Wahrheit, sondern für bestimmte historische Verhältnisse gültige Erkenntnisse gewinnen will. Um Ansatzpunkte für ein den historischen Bedingungen angemessenes eingreifendes Denken und Handeln herauszufinden, muß der Dramatiker die Widersprüche der bestehenden Gesellschaft herausarbeiten und den Zusammenhang zwischen den ökonomischen Grundbedingungen der Zeit und Klasseninteressen, die zu Klassenkämpfen führen, aufdecken.

Der Mensch als sinnlich-historisches Wesen – Denken als Verhalten

Im Gegensatz zur traditionellen Aufklärung ist für Brecht Denken an Interessen gebunden. Diese sind für ihn sogar notwendig, „um zu erkennen“ (Brecht, Politik und Gesellschaft, S. 145). Aus diesem Grunde kann eine Erziehung für ihn nur dann gut sein, wenn sie das Interesse verfolgt, sich „zunächst auf solche Eigenschaften“ zu richten, „welche gute Lebensbedingungen schaffen“ (Brecht, Politik und Gesellschaft, S. 84).

Denken ist interessengebunden

Erziehung zur Gesellschaftsveränderung

Indem Brecht die materiellen Bedingtheiten, welche die Menschen in konkreten Lebenszusammenhängen daran hindern, ‚gut zu sein‘, in den Blick bringt, geht er über die traditionelle Aufklärung hinaus. Die These von der Willensfreiheit des Menschen kann nach der Entdeckung der Psychoanalyse durch Freud nicht mehr uneingeschränkt hingenommen werden. Für Brecht ist der von Kant

Kritik Freuds und Brechts an der Voraussetzung des freien Willens

vorausgesetzte freie Wille eine „kapitalistische Erfindung“ (Brecht, Politik und Gesellschaft, S. 10). Sie dient nach Brecht als Grundlage der angeblich interessefreien Theorien vieler bürgerlicher Theoretiker, die allein wegen ihres Interesses an einer Bewahrung der herrschenden Ordnung die materiellen Verhältnisse, welche die Menschen in Wirklichkeit bedingen, ignorieren.

Bejahung der Sinnlichkeit

Gut handeln kann der Mensch nach Brecht nur dann, wenn er gesellschaftliche Verhältnisse produziert, die es ihm ermöglichen, eine ‚gute‘, das Leben fördernde, herrschaftsfreie alltägliche Praxis zu entwickeln. Zu diesem Zweck hält Brecht im Gegensatz zu den Forderungen der traditionellen Aufklärung eine Unterdrückung der sinnlichen Bedürfnisse des Menschen nicht für notwendig: Sittlich gutes Verhalten und das Befolgen natürlicher Neigungen bilden für ihn keinen Gegensatz wie für die auf ein dualistisches Weltbild gegründete Tradition der Aufklärung. Wenn Brecht Shen Te mit einer natürlichen Neigung zur Freundlichkeit ausstattet, die es für sie zur Anstrengung werden läßt, die Maske des Bösen anzunehmen, will er diese Güte nicht als individuelle Leistung herausstellen. Der Brecht-Schüler Manfred Wekwerth charakterisiert in einem Selbstinterview zu der von ihm inszenierten Züricher Aufführung von 1976 Shen Tes Güte folgendermaßen:

> „Nicht weil sie lebensfremd ist, hilft sie anderen, sondern weil sie das Leben mag: Es macht ihr einfach Spaß“.

Optimismus Brechts

Mit dieser Interpretation beruft er sich auf eine Äußerung Brechts in seinen Notizen, die besagt, daß Shen Te „bevor sie ein guter Mensch ist, ein Mensch ist“ (Materialien, S. 198). Ein gewisser Optimismus in der Beurteilung menschlichen Verhaltens ist hier unverkennbar. Freilich kann keine Rede davon sein, daß Shen Te etwa wie die Helden klassischer Stücke zur Trägerin überzeitlicher Eigenschaften des Menschen gemacht wird. Dennoch verknüpft sich für Brecht Menschsein offenkundig mit einer Neigung zu sozialem Verhalten, zur Freundlichkeit, die erst aufgrund der schlechten Verhältnisse, mit denen Shen Te konfrontiert ist, das angepaßte Verhalten Shui Tas erfordert, um als Mensch leben zu können. Das Thema der ‚schlechten' Welt schränkt Brecht insofern ein, als er nur menschliche Leiden, die durch das gesellschaftliche Zusammenleben verursacht sind, in den Blick bringt. Leiden, die aus der Endlichkeit des Menschen hervorgehen, wie Krankheit oder Tod, sind keine Themen Brechts.

Orientierung Brechts am Grundsatz marxistischer Moral

Da es nach Brecht für den Menschen keine Freiheit gibt, bevor er die Befreiung aus schlechten Bedingungen erreicht hat, ist seine erste Forderung die Veränderung von schlechten Lebensbedingungen. Dabei orientiert er sich an dem ‚kategorischen Imperativ' von Marx, der es fordert, „alle Verhältnisse umzuwerfen, in denen der Mensch ein erniedrigtes, ein geknechtetes, ein verlassenes, ein verächtliches Wesen ist" (MEW 1, S. 385). Brecht räumt also der praktischen Philosophie, der Ethik, einen eindeutigen Vorrang ein, der jedoch nicht auf das Reich des Denkens beschränkt bleiben, vielmehr praktische Veränderungen bewirken soll. Konkrete Veränderung der gesellschaftlichen Verhältnisse ist damit auch die Zielsetzung in Brechts Stücken. Die Veränderbarkeit der gesellschaftlichen Verhältnisse macht Brecht zur grundlegenden Voraussetzung des Denkexperiments, das mit dem Parabelstück „Der gute Mensch von Sezuan" in Szene gesetzt wird.

Brechts Kritik an der Aufklärung

Gerade weil Brecht davon überzeugt ist, daß eine Verbesserung der menschlichen Verhältnisse nur durch Gesellschaftsveränderung erreicht werden kann, richtet sich seine Kritik zwangsläufig gegen die Aufklärung, die ihren Appell zur Veränderung am Verhalten des einzelnen festmacht, dem sie deshalb Prinzipien des Verhaltens vorgibt. Indem er in seinem Stück das Thema des ‚guten Menschen' aufgreift und zum Thema ‚Der gute Mensch und die Rolle der Götter' erweitert, formuliert er seine Kritik an der Aufklärung.

Marx' Kritik an der traditionellen Aufklärung

Marx, dessen Lehre Brecht als Grundlage seiner Theatertheorie und -praxis rezipiert hat, kritisiert an der traditionellen Aufklärung, daß es ihr nur auf theoretische Betrachtung der Welt, nicht aber auf Weltveränderung ankommt. Denn für sie ist eine Veränderung der Verhältnisse die notwendige Folge der freien Willensentscheidung, weil der Mensch immer schon frei ist und deshalb frei entscheiden kann, selbst wenn er in Ketten geboren wäre; er hat Freiheit, die ihm nicht erst durch die Befreiung aus schlechten Lebensbedingungen verschafft werden muß. Praktische Folgen glaubt dieses Denken, das seinen Wert gerade darin sieht, daß es frei von allen Interessen ist, vernachlässigen zu können. Gerade deshalb wertet es Brecht jedoch als ‚spielerisches Denken' ab (Brecht, Politik und Gesellschaft, S. 158). Eben dieses Denken kritisiert Brecht auch in seinem Stück „Der gute Mensch von Sezuan" an den Göttern, indem er sie der Lächerlichkeit preisgibt.

Brechts Kritik des ‚spielerischen' interessenfreien Denkens

Komik erzeugt der Kontrast zwischen Publikumserwartung und Bühnenwirklichkeit; sie relativiert den Anspruch der Götter auf Absolutheit und ewige Gültigkeit ihrer Aussagen. Lächerlich machen sie sich aber auch durch den Widerspruch zwischen den theoretischen Forderungen, die sie in erhabenem Pathos vortragen, und den praktischen Konsequenzen, die sie daraus gerade nicht ziehen. Der zentrale Widerspruch ihres Verhaltens besteht eben darin, daß sie den Anspruch erheben, als ‚Betrachter', die über alle zeitlichen Interessen erhaben sind, zu gelten, in Wirklichkeit aber ein aufgrund der logischen Brüche und Widersprüche in ihrem Denken bzw. Verhalten durchschaubares Interesse an der Beweisführung haben, daß in der Welt alles beim alten bleiben könne. Dieses Interesse teilen sie mit den bürgerlichen Ideologen, mit Philosophen, Künstlern und Wissenschaftlern, die den Anspruch erheben, ein interessefreies reines Denken hervorzubringen, während sie durch diese Haltung nur der Verfestigung bestehender schlechter Verhältnisse dienen.

Brechts Kritik der ‚betrachtenden' Götter: Kritik an den bürgerlichen Ideologen

Religionskritik

Die komische Darstellung der Götter kritisiert zugleich die Erklärung der Welt durch einen übersinnlichen Gott, wie ihn die Religion, aber auch, wie sich beim Beispiel Lessings zeigt, die traditionelle Aufklärung voraussetzen.

Mag nun, wie manche Interpreten meinen, die Dreizahl der Götter eine Anspielung auf das Dogma von der Dreieinigkeit oder weniger bedeutungsvoll sein, falsch wäre es auf jeden Fall, wollte man Brecht die Absicht eines atheistischen Eiferers unterstellen.

Brechts Religionskritik

Was Brecht vom marxistischen Standpunkt aus an der christlichen Religion kritisiert, ist nicht ihre Aufforderung zu Gerechtigkeit und Menschenliebe. Verkehrt sind für ihn nur die Lösungen, welche die Religion anbietet. Was Brecht immer wieder attakkiert, ist die Vertröstung auf ein besseres Jenseits, welche die Menschen daran hindert, sich mit allen Kräften für eine Verbesserung der Verhältnisse auf Erden einzusetzen. Darin, daß die illusorische Hoffnung auf ein Jenseits das irdische Jammertal vergessen lassen soll, liegt das Verführerische der Religion, vor dem Brecht warnt: „Laßt euch nicht verführen/Zu Fron und Ausgezehr“ (Brecht, Gedichte, S. 260).

Christliche und marxistische Moral: Ähnlichkeit – Unterschied

Die Forderung nach sozialer Gerechtigkeit, die Marx erhebt, läßt sich grundsätzlich mit dem zentralen Gebot des Christentums, der Nächstenliebe, vereinbaren. Im Gegensatz zu der Rückführung des Gebotes der Nächstenliebe auf die Liebe, die der Mensch Gott als seinem Schöpfer schuldet, wie sie sowohl die jüdische als auch christliche Religion kennt, läßt Brecht diese Begründung in seinem Stück beiseite. Die Götter fordern zwar eine Einhaltung der Gebote, eine Konkretisierung dessen, was als ‚gut‘ gelten soll, unternimmt jedoch der Mensch: Shen Te. Sie nennt in ihrem ‚Bekenntnis‘ im Vorspiel ausschließlich die Gebote, die sich auf das soziale Verhalten beziehen. Die Liebe zu Gott oder zu Göttern als Motiv für die Einhaltung der Gebote ersetzt Shen Te durch ein spontanes Bedürfnis nach Freundlichkeit gegenüber ihren Mitmenschen.

Zeitlich beschränkte Gültigkeit von Normen bei Brecht

Im Gegensatz zu der traditionellen Aufklärung gibt es für Brecht ebensowenig wie ein unveränderliches Wesen ein unabänderlich gültiges Moralgesetz. Da Menschen von den besonderen Verhältnissen ihrer Epoche immer ebenso bedingt sind, wie sie diese selbst produzieren, müssen auch die moralischen Normen aus den jeweiligen gesellschaftlichen Bedingungen entwickelt werden. Auch der von Marx aufgestellte ‚Imperativ' ist für Brecht nur in den Grenzen der Möglichkeiten, welche die konkreten Situationen zulassen, verpflichtend.

Zu Brechts Theorie des Lehrtheaters

Brecht in der Tradition der Kritik an der aristotelischen Theorie

Wie der Aufklärer Lessing setzt sich auch Brecht als Aufklärer mit der aristotelischen Theorie des Dramas auseinander. Dabei handelt es sich bei ihm wie bei Lessing nicht um praxisferne theoretische Überlegungen; vielmehr haben beide durch die Inszenierung ihrer Werke praktische Theatererfahrungen gesammelt.

Lessings Kritik der aristotelischen Tradition

Lessings Polemik richtet sich gegen die französischen Klassiker Corneille und Racine, die streng die von Aristoteles aufgestellte Forderung der Einhaltung der drei Einheiten von Raum, Zeit und Handlung beachten. Im Vergleich zu der strikten Befolgung von Regeln durch die französischen Dramatiker wertet er Shakespeares freien Umgang mit der Gestaltung von Raum, Zeit und Handlung als Leistung eines Genies auf. Allerdings gibt es in der europäischen Theatergeschichte neben Shakespeare eine Reihe von Beispielen, die sich nicht an die aristotelischen Regeln halten. Das mittelalterliche Passions- und Mysterienspiel sowie das aus der Reformation und Gegenreformation hervorgegangene Lehrtheater – historische Möglichkeiten der Theaterpraxis, die auch Brecht beeinflußt haben – befolgen weder die Regel der drei Einheiten noch die der Fünfaktigkeit mit dem für das klassische Drama verbindlichen Aufbau der Handlung (Exposition, Konflikt, Peripetie, retardierendes Moment, Katastrophe).

Was Lessing zu seiner Kritik an der aristotelischen Tradition veranlaßt, ist vor allem seine aufklärerische Wirkungsabsicht. Nach Aristoteles soll im Zuschauer, indem er sich in das Schicksal des Helden einfühlt, *phobos* und *eleos*, in Lessings Zeit meist mit „Furcht und Schrecken“ übersetzt, erweckt werden. Die von Aristoteles geforderte Einfühlung des Zuschauers in das Bühnengeschehen, die auch Lessing voraussetzt, soll beim Zuschauer eine „Abfuhr der Affekte“ (Benjamin, S. 90) bewirken, so daß er wie durch eine heilsame Medizin gereinigt das Theater verläßt. Dies meint der Begriff der Katharsis. Die französischen Klassiker verstanden diese Reinigung in erster Linie als rationalen Erkenntnisakt. Sie wollten das Publikum, indem es als Ursache des Unglücks, das den Helden widerfährt, die Leidenschaften erkennt, zur Vernunft bringen. Lessing ändert die Übersetzung des Griechischen und ersetzt „Schrecken“ durch „Mitleid“. Damit stellt er in der „Hamburgischen Dramaturgie“ die Weichen für die erzieherische Absicht seines Theaters. Der „Schrecken“ des antiken Mythos mußte dem bürgerlichen Aufklärer als Fremdkörper erscheinen. Die Katharsis soll bei ihm eine „Verwandlung der Leidenschaften in tugendhafte Fertigkeiten“ bewirken und damit einer Erziehung dienen, deren Ziel der allseitig gebildete Bürger ist, der einerseits seine intellektuellen Kräfte zur vollen Entfaltung bringt, andererseits aber auch seine Gefühle kultiviert. Dazu gehört die Entwicklung der kommunikativen Fähigkeiten: „Herzliche Verträglichkeit“, Toleranz lautet das von Nathan vertretene Erziehungsziel, das nicht nur durch den Gebrauch der Ratio, sondern auch das Gefühl der Mitmenschlichkeit zu erreichen ist: Der mitleidigste Mensch ist dementsprechend für Lessing auch der tugendhafteste.

Einfühlung bei Lessing: Mitleid

Brechts Kritik der Einfühlung

Das Gefühl ist nun aber gerade das, was der Aufklärer Brecht bei seinem Publikum am heftigsten attackiert. Bei der Aufführung seines zweiten Stükkes „Trommeln in der Nacht“ hat Brecht empfohlen, im Zuschauerraum Plakate mit der Aufschrift „Glotzt nicht so romantisch“ aufzuhängen. Nicht nur romantische Gefühle, die Einfühlung als „Grundpfeiler“ der durch die aristotelische Tradition bestimmten „herrschenden Ästhetik“ (Brecht, Theater, S. 298) lehnt er ab, da sie, wie er meint, den ‚Kindern des wissenschaftlichen Zeitalters‘ nicht mehr angemessen ist. Anstatt sich durch den Appell an das Gefühl in magischen Bann versetzen zu lassen, soll der Zuschauer die Haltung eines forschenden Wissenschaftlers einnehmen. Alle Elemente, die an den Ursprung des Theaters im Kult erinnern könnten, will Brecht aus dem Theater entfernen; nicht an das Gefühl soll der Dramatiker appellieren, vielmehr an den Verstand.

Appell an den Verstand

Was Brecht zur Polemik reizt, ist jedoch nicht nur die aristotelische Theorie, sondern auch die Theaterpraxis, mit der er als junger Dramatiker konfrontiert ist. Die Theaterszene der Zeit wurde durch die Bühne Max Reinhardts beherrscht, die alle ihr zu Gebote stehenden Mittel – Schauspielkunst, Bühnenbild, Geräusche, Lichteffekte – zum Einsatz brachte, um durch die Verschmelzung dieser Einzelelemente den Zuschauer total in Bann zu ziehen.

Brechts Kritik des Illusionstheaters

Dieses ‚kulinarische Theater' ist für Brecht charakteristisch für den Kunstgenuß des Bürgertums, das er im Gegensatz zu Lessing abwertet, wobei zu bedenken ist, daß es nicht das Bürgertum der Aufklärungszeit, sondern das Spätbürgertum des 20. Jahrhunderts ist, mit dem Brecht sich auseinandersetzt. Die Erwartungen dieses Publikums beschreibt er voll Spott als „Knetung ihrer erschlafften Gemüter" und „etwas Spannung abgespannter Nerven" (Episches Theater, S. 159). Die Umerziehung seines Publikums stellt sich Brecht als erste Aufgabe: „Kann man sie veranlassen, ihre Zigarren herauszuziehen?" (Brecht, Theater, S. 1012). Mit dieser Geste will Brecht einen Zuschauer charakterisieren, wie er ihn sich für sein Theater wünscht: Einen, der, ohne seine alltäglichen Gewohnheiten aufzugeben, das Bühnengeschehen gelassen verfolgt und mit kritischer Distanz beurteilt.

Brechts Kritik am Publikum

Wunsch Brechts: kritisch-intelligente Zuschauer

Seit den zwanziger Jahren bezeichnete Brecht diesen neuen Theaterstil als episches Theater.

Brechts Rezeption des Marxismus als Grundlage seiner ästhetischen Theorie und Praxis

Brecht hat sich schon in den zwanziger Jahren mit gesellschaftswissenschaftlichen Studien befaßt und neigte zunächst der Auffassung der amerikanischen Behavioristen zu, die den Menschen als Produkt seiner sozialen Umstände deuten. In der marxistischen Theorie fand er schließlich die Basis, auf die sich Theorie und Praxis seines Theaters gründen. Brechts Rezeption des Marxismus kann auch als Grundlage einer Periodisierung seiner Werke herangezogen werden. Die Jugendwerke der Zeit von 1913 bis 1926 stehen stark unter dem Eindruck des Expressionismus. In der Phase von 1926 bis 1933 macht sich Brechts Studium des Marxismus bemerkbar. Am deutlichsten tritt dieser Einfluß in den Lehrstücken zutage. In der dritten Phase von 1933 bis 1956 hat Brecht das von ihm auf der Grundlage des Marxismus entwickelte epische bzw. dialektische Theater in verschiedenen Variationen weiterentwickelt. So bekannte Stücke wie „Mutter Courage“, „Der kaukasische Kreidekreis“, „Leben des Galilei“ und auch das Parabelstück „Der gute Mensch von Sezuan“ sind während dieser Zeitspanne entstanden.

Einfluß der marxistischen Studien

Geschichtsauffassung des historischen Materialismus

Der historische Materialismus in der Form, wie er Brecht vermittelt wurde, geht von einem dialektischen Wechselverhältnis zwischen subjektivem Faktor, dem die Geschichte hervorbringenden Menschen, einerseits und dem objektiven Faktor der ihn bedingenden Verhältnisse andererseits aus, ein Wechselverhältnis, das Engels folgendermaßen charakterisiert:

> „Es ist nicht, wie man sich hier und da bequemerweise vorstellen will, eine automatische Wirkung der ökonomischen Lage, sondern die Menschen machen ihre Geschichte selbst, aber in einem gegebenen sie bedingenden Milieu, auf der Grundlage vorgefundener tatsächlicher Verhältnisse, unter denen die ökonomischen, so sehr sie auch von den

übrigen politischen und ideologischen beeinflußt sein mögen, doch in letzter Instanz die entscheidenden sind und den durchgehenden allein zum Verständnis führenden roten Faden bilden" (Briefe, S. 560)

Brechts Geschichts- und Menschenbild

Diese Voraussetzungen führen dazu, daß Brecht seinen Dramen ein Geschichts- und Menschenbild zugrunde legt, das sich wesentlich von der ihm vorausgegangenen Tradition unterscheidet. Alle menschlichen Verhältnisse, der Mensch selbst und dementsprechend auch die Vernunft sind nur noch historisch zu erfassen. Was als vernünftig gelten kann, muß anhand der jeweils bestehenden historischen Möglichkeiten geprüft werden. Dieses veränderte Geschichts- und Menschenbild hat unmittelbare Konsequenzen für elementare Bedingungen von Brechts Theater. Ein Grundelement des Dramas, der Entwurf von Charakteren, verändert seine Bedeutung. Denn Charaktere im Sinne einer schicksalhaften Prägung des Individuums kann es nicht mehr geben. Vielmehr müssen die wechselnden Lebensbedingungen, mit denen sich einzelne und Gruppen auseinanderzusetzen haben, in den Blick kommen. Diese Bedingungen wirken aber nicht im Sinne einer einseitigen Prägung durch das Milieu; vielmehr handelt es sich stets um ein Wechselverhältnis, das Alternativen zuläßt. Auch die Bühnenwirklichkeit ist ja ein Teil der geschichtlich bedingten veränderbaren sozialen Wirklichkeit und kann deshalb auch nur historisch bedingte Ereignisse darstellen. Der Zuschauer soll das historische Wechselverhältnis von Bedingtsein und Bedingen am Bühnengeschehen, das als Modell der Wirklichkeit bei Brecht tragende Bedeutung erhält, studieren und nach Lösungen suchen.

Konsequenzen für Brechts Theatertheorie und -praxis:

Verzicht auf einmalige Charaktere

Theater als Modell der Wirklichkeit

Drama ohne Tragik

Für ausweglose Tragik ist in diesem Weltbild kein Platz; denn Tragik kann nur da walten, wo der Mensch von höheren Mächten abhängig ist, nicht wenn er, wie es bei Brecht der Fall ist, für seine Welt allein verantwortlich ist.

Didaktische Wirkungsabsicht

Aus diesen Voraussetzungen leitet Brecht auch seine didaktische Wirkungsabsicht ab, welche als zentralen Lehrinhalt die Veränderbarkeit der Verhältnisse vermitteln will.

Wirkungsabsicht des epischen Theaters

Theater im Dienste des ‚eingreifenden' Denkens

Brecht hatte nicht die Absicht, mit dem epischen Theater lediglich eine neue Ausdrucksform des Theaters zu schaffen, Für ihn stand es von vornherein im Dienste gesellschaftlicher Veränderung, war eine „Kategorie des Gesellschaftlichen und nicht des Ästhetischen". Was Brechts episches Theater von dem anderer Schriftsteller des 20. Jahrhunderts, die, wie zum Beispiel Wilder oder Claudel vergleichbare Techniken angewendet haben, unterscheidet, ist die auf gesellschaftsverändernde Praxis zielende Wirkungsabsicht. Brecht stellt dem bürgerlichen Vergnügungstheater sein Lehrtheater gegenüber, das durch seinen Gebrauchswert bestimmt ist. Der Wert von Kunst beruht also für Brecht nicht auf der Vermittlung eines zweckfreien Wohlgefallens, sondern ist danach zu beurteilen, ob dieses ‚eingreifend' wirksam wird. Allerdings stehen sich Vergnügen und Lernen bei Brecht nicht als unüberbrückbare Gegensätze gegenüber. Vielmehr geht es ihm darum, die Fähigkeit, kritisch zu genießen, bei seinem Publikum zu entwickeln. Das Publikum, das Brecht in erster Linie, erreichen will, ist die proletarische Klasse. Ihr traut er wie allen ‚Gesellschaftsveränderern' auch zu, daß sie im Gegensatz zum Bürgertum Lernen als lustvoll zu empfinden vermag.

Episches und dramatisches Theater: Zum Begriff

‚Episch': ein Gattungsbegriff

Obwohl umstritten ist, ob Brecht den Begriff des epischen Theaters selbst erfunden hat, erhebt sich die Frage, was Brecht gerade an einem literarischen Gattungsbegriff geeignet fand, um sein auf gesellschaftliche Veränderung ausgerichtetes Theater zu charakterisieren. Wenn es nur darum ginge, daß epische Elemente bei Brecht auch im Drama vorkommen, dann handelte es sich nicht um etwas

Außergewöhnliches. Die Vermischung von Gattungen hat es in der Literaturgeschichte zu allen Zeiten gegeben, wenn diese Tendenz auch im 20. Jahrhundert zugenommen hat. Als Paradebeispiel der ‚Unreinheit' von Gattungen kann Goethes „Faust" genannt werden. Brecht muß mit diesem Begriff aber mehr als eine Vermischung von Gattungselementen zum Ausdruck bringen wollen.

In den fünfziger Jahren hat es ein Schweizer Germanist, Emil Staiger, unternommen, die Begriffe ‚episch', ‚lyrisch' und ‚dramatisch' losgelöst von den Gattungen der erzählenden Prosa, der Lyrik und des Dramas als mögliche Wesensäußerungen des Menschen überhaupt und als Ausdruck seiner Zeitlichkeit zu bestimmen. Solche Deutungen liegen Brecht fern. Dennoch können sie bei dem Versuch, die Intention, die Brecht mit dem Begriff des ‚epischen' Theaters verbindet, zu verstehen, behilflich sein.

Das Dramatische: Funktionalität der Teile

Typisch für das Dramatische ist nach Staiger, daß – unabhängig davon, ob es sich um Lyrik, Prosa oder ein Drama handelt –, das Geschehen zielbezogen auf das Ende zutreibt. Kein Teil der Dichtung hat um seiner selbst willen Bedeutung, er erhält nur durch seine Funktion für das Ganze Gewicht. Diese Beschaffenheit des dramatischen Werkes hat für den Rezipienten unmittelbare Konsequenzen. Die dramatische Darstellung gönnt ihm keine Zeit: Immer aufs neue wird er in den Fortgang des Geschehens hineingerissen, so daß er gleichsam atemlos bis zum Ende mitfortgerissen wird. Genau diese völlige Eingespanntheit in den Verlauf des Bühnengeschehens ist es aber, die Brecht vermeiden will.

Das Dramatische reißt mit

Das Epische: Selbständigkeit der Teile

Im Gegensatz zum Dramatischen wird das Epische durch die Selbständigkeit der Teile bestimmt. Diese Eigenart läßt dem Publikum die Ruhe des Verweilens. Und die ruhige Geistesgegenwärtigkeit, die das Epische einräumt, ist es gerade, zu der Brecht sein Publikum bringen will. Nicht das Interesse am Ausgang soll dieses bewegen. Epische Darstellung hat darauf auch nie Wert gelegt. Homer hat seinem Publikum vermutlich nur einen Stoff ver-gegenwärtigt, den dieses schon kannte. So hat auch

Das Epische läßt verweilen

Brecht nach der Aussage von Walter Benjamin sich „die Frage vorgelegt, ob nicht Vorgänge, die das epische Theater darstellt, schon bekannt sein müßten“ (Benjamin, S. 88). Der Begriff des ‚epischen‘ Theaters verdeutlicht also die veränderte Wirkungsabsicht Brechts. Unter epischem Theater versteht er einen neuen Theaterstil, der durch veränderte Mittel der Schauspielkunst, Inszenierung und Textgestaltung eine veränderte Beziehung zwischen Publikum und Bühne hervorbringt, welche die aktive Teilnahme des Zuschauers am Bühnengeschehen stimuliert, um ihm ein eigenes Urteil und damit eigene Lösungen zu ermöglichen.

Definiton des epischen Theaters

Der Verfremdungseffekt als Mittel des epischen Theaters

Der V-Effekt als Hilfe für den Zuschauer

Der Verfremdungseffekt als Mittel von Brechts epischem Theater darf nie losgelöst von seiner Funktion als „soziale Maßnahme“ (Brecht, Theater, S. 655) gesehen werden. Im Rahmen von Brechts Lehrtheater kommt ihm die Aufgabe zu, dem Zuschauer eine erfinderische und kritische Haltung zu vermitteln, wie sie auch der Wissenschaftler einnehmen muß. Die Bühne wird mit Hilfe des V-Effektes zum Modell der Wirklichkeit, an dem deren Gesetze studiert werden können.

Der V-Effekt erregt Aufmerksamkeit

Der Zuschauer erhält durch den V-Effekt Signale, die ihm die vertraute Wirklichkeit auffällig machen. Dadurch erhält der Zuschauer Hilfestellung bei seinem Versuch, die Erfahrungen der Personen auf der Bühne mit der fiktionalen Wirklichkeit in Erkenntnisse umzusetzen und diese auf seine eigenen Erfahrungen mit seiner sozialen Wirklichkeit zu übertragen.

V-Effekt in Schauspielkunst und Technik der Inszenierung

Zunächst entwickelte Brecht den V-Effekt als konkrete Anweisung zur Schauspielkunst und Technik der Inszenierung. Da eine Verschmelzung aller der Bühne zu Gebote stehenden Mittel den Zuschauer zu sehr in den Bann der Bühnenereignisse zieht und so seine Aktivität hemmt, fordert Brecht eine konsequente Trennung dieser Elemente. So sollen sich Musik und Text – zum Beispiel in den Songs – nicht ergänzen, indem die Musik den Text ‚untermalt‘. Sie sollen vielmehr eine konträre Wirkung anstreben, die es dem Zuschauer ermöglicht, mit seinem Urteil ‚dazwischenzukommen‘.

Brecht hat vor allem in bezug auf die Schauspielkunst aufgrund seiner eigenen Vorstellungen detaillierte Anweisungen gegeben. Anregungen für seine Vorschläge hat er unter anderem durch die ostasiatische Bühnentradition erhalten. Die vollkommene Verwandlung hat Brecht, weil sie an magische Riten erinnere, als „barbarisch“ (Brecht, Theater, S. 899) bezeichnet. Der Schauspieler soll die Figur, die er darzustellen hat, nicht „sein“, er soll sie vielmehr ‚zeigen‘, indem er den vorgegebenen Text gleichsam nur zitiert. Als Hilfsmittel empfiehlt Brecht die Überführung der ersten in die dritte Person, also eine Erzählhaltung, durch die eine völlige Identifizierung mit der Rolle vermieden werden soll. Dieselbe Wirkung kann der Schauspieler erreichen, wenn er seine Rolle in die Vergangenheit überführt, also sie ‚erzählt‘. Bei allen Bühnenaktionen soll deutlich werden, daß der Schauspieler mit der Charakterisierung einer bestimmten Verhaltens- oder Handlungsweise eine Möglichkeit unter anderen Möglichkeiten ausgewählt hat:

‚Zeigen‘ der Rolle

> „Das, was er (der Schauspieler) nicht macht, muß in dem enthalten und aufgehoben sein, was er macht. So bedeuten alle Sätze und Gesten Entscheidungen, bleibt die Person unter Kontrolle und wird getestet.“ (Brecht, Theater, S. 343)

Bezug zum Publikum

Durch ein völliges oder teilweises Heraustreten aus der Bühnenrolle gewinnt der Schauspieler die Möglichkeit, direkt mit dem Publikum in Kontakt zu treten. Der Schauspieler spielt gleichsam eine Doppelrolle, indem er einmal die Bühnenfigur verkörpert und zugleich in Interaktion mit dem Publikum zu ihr Stellung nimmt. Das veränderte Verhältnis von Zuschauer und Bühne, eine direkte Folge von Brechts Wirkungsabsicht, kommt auch dadurch zum Ausdruck, daß er auf den schweren, trennenden Samtvorhang verzichtet und ihn durch die leicht flatternde, halbhohe Gardine ersetzt. Vollzog sich bisher das Spiel so, als sei die Welt der Bühne eine Welt für sich, die durch die ‚vierte Wand', den Vorhang, vom Zuschauerraum getrennt wurde, und als dürfe sich der Zuschauer allenfalls als Zaungast fühlen, so ist das Spiel jetzt nur in Beziehung auf das Publikum sinnvoll. Diese Veränderung charakterisiert Walter Benjamin als „Verschüttung der Orchestra", die als „Abgrund" (Benjamin, S. 93) Schauspieler und Publikum trennte und damit noch immer Reste des sakralen Ursprungs des Theaters und auch die Faszination durch das Undurchschaubare des Bühnengeschehens bewahrt hat.

Die als Überlegungen zur Inszenierungstechnik und Schauspielkunst entwickelten Prinzipien der Verfremdung des Gewohnten überträgt Brecht auf die Gestaltung seiner Stücke. Die daraus resultierenden Veränderungen umfassen alle für das Drama wichtigen Elemente: Aufbau der Handlung, Charakterisierung der Personen und Sprache.

Der V-Effekt als Mittel des Stücke-Schreibers

Als zentrales Mittel der Verfremdung dient Brecht die ‚Fabel', also das Bühnengeschehen. Die Bühne ‚erzählt', das heißt, sie benutzt epische Darstellungsweisen, die es ermöglichen, den zielstrebigen Zeitverlauf der Handlung zu unterbrechen.

Unterbrechung des Zeitkontinuums

Mit den von Brecht häufig eingesetzten Vor- und Rückblenden hat er auch Anleihen bei dem neuen Medium des Films gemacht, dem mit Schnitt und Montage ein Überspringen des zeitlichen Kontinuums als künstlerisches Mittel zu Gebote steht. So rückt nach den Worten Benjamins die Handlung im epischen Theater „den Bildern des Filmstreifens vergleichbar, in Stößen vor" (Benjamin, S. 92). Die Brüche im Handlungskontinuum schaffen Zeit zum Nachdenken und ermöglichen so eine distanzierte Rezeption. In der gleichen Absicht werden von Brecht kurze Inhaltsangaben vor den Szenen und Spruchbänder mit Hinweisen zum Inhalt eingesetzt.

Song

Ein schon in den Frühwerken von Brecht eingesetztes Mittel ist der Song, für den er vom zeitgenössischen politischen Kabarett und den Protestliedern der Arbeiterbewegung Anregungen erhalten hat. Brecht hat vielfältige Möglichkeiten entwickelt, den

Song mit dem Bühnengeschehen in Verbindung zu setzen. Erhalten bleibt stets das wesentliche Merkmal, daß, wenn der Schauspieler an die Rampe tritt, der Handlungsablauf unterbrochen wird. In „Der gute Mensch von Sezuan“ steht der Song meist insofern in Beziehung zum Geschehen, als er das Bühnengeschehen auf einer veränderten Reflexionsstufe spiegelt und damit den Reflexionsprozeß des Zuschauers stimuliert.

Doppelrolle

Zu den Mitteln des V-Effektes gehört auch die Doppelrolle, das heißt die Aufspaltung einer Bühnenperson in zwei konträre Verhaltensweisen, wie sie im „Guten Menschen von Sezuan“ und beispielsweise auch in dem Stück „Herr Puntila und sein Knecht Matti“ vorkommt.

Kontrast und Widerspruch zwischen Bühnenbild und Text

Zum V-Effekt können wir außerdem alle auf Kontrast und Widerspruch aufgebauten Mittel in Brechts Stücken rechnen. Dazu gehört die Kontrastwirkung zwischen Bühnenbild und Text, die eigentlich nur durch eine angemessene Inszenierung voll zur Geltung kommen kann. Deshalb ist die Realisierung auf der Bühne, die Brecht während der Arbeit an seinem Parabelstück „Der gute Mensch von Sezuan“ im Exil so vermißte, bei Brecht noch mehr als bei manchen anderen Dramatikern eine Voraussetzung für seine Wirksamkeit. Der Leser, dem nur die Möglichkeit bleibt, auf Regieanweisungen zu achten, läßt sich von vornherein auf einen Notbehelf ein.

Sprach-Montage

Durch den V-Effekt geprägt ist auch die Sprache in Brechts Stücken. Er montiert Sprichwörter, Redensarten, Bibelzitate oder parodiert literarische Vorbilder so, daß die Sprache gerade nicht zum angemessenen Ausdruck der Sprecher wird, sondern aus ihrem Munde auffällig, befremdlich klingt. Auch in diesem Zusammenhang kommt dem Kontrast – zum Beispiel zwischen Verhalten und Äußerung – eine wichtige erkenntnisvermittelnde Funktion zu.

Brechts Gegenüberstellung von epischem und dramatischem Theater

Brecht hat den Unterschied zwischen epischem und dramatischem Theater mehrfach in ein Schema gebracht, das den Zusammenhang zwischen den unterschiedlichen Vorstellungen vom Menschen und seiner Geschichte, der Wirkungsabsicht und den verwendeten Mitteln verdeutlicht. Hier wird die Gegenüberstellung in einer überarbeiteten Fassung aus dem Jahr 1938 wiedergegeben:

Folgendes Schema zeigt einige Gewichtsverschiebungen vom dramatischen zum epischen Theater.*

Dramatische Form des Theaters	*Epische Form des Theaters*
Die Bühne „verkörpert“ einen Vorgang	sie erzählt ihn
verwickelt den Zuschauer in eine Aktion und	macht ihn zum Betrachter, aber
verbraucht seine Aktivität	weckt seine Aktivität
ermöglicht ihm Gefühle	erzwingt von ihm Entscheidungen
vermittelt ihm Erlebnisse	vermittelt ihm Kenntnisse
der Zuschauer wird in eine Handlung hineinversetzt	er wird ihr gegenübergesetzt
es wird mit Suggestion gearbeitet	es wird mit Argumenten gearbeitet
die Empfindungen werden konserviert	bis zu Erkenntnissen getrieben
der Mensch wird als bekannt vorausgesetzt	der Mensch ist Gegenstand der Untersuchung
der unveränderliche Mensch	der veränderliche und verändernde Mensch
Spannung auf den Ausgang	Spannung auf den Gang
eine Szene für die andere	jede Szene für sich
die Geschehnisse verlaufen linear	in Kurven
natura non facit saltus	facit saltus
die Welt, wie sie ist	die Welt, wie sie wird
was der Mensch soll	was der Mensch muß
seine Triebe	seine Beweggründe
das Denken bestimmt das Sein	das gesellschaftliche Sein bestimmt das Denken

Der Zuschauer des dramatischen Theaters sagt: Ja, das habe ich auch schon gefühlt. – So bin ich. – Das ist nur natürlich. – Das wird immer so sein. – Das Leid dieses Menschen erschüttert mich, weil es keinen Ausweg für ihn gibt. – Das ist große Kunst: da ist alles selbstverständlich. – Ich weine mit den Weinenden, ich lache mit den Lachenden.
Der Zuschauer des epischen Theaters sagt: Das hätte ich nicht gedacht. – So darf man es nicht machen. – Das ist höchst auffällig, fast nicht zu glauben. – Das muß aufhören. – Das Leid dieses Menschen erschüttert mich, weil es doch einen Ausweg für ihn gäbe. – Das ist große Kunst: da ist nichts selbstverständlich. – Ich lache über den Weinenden, ich weine über den Lachenden.

---

* Dieses Schema zeigt nicht absolute Gegensätze, sondern lediglich Akzentverschiebungen. So kann innerhalb eines Mitteilungsvorgangs das gefühlsmäßig Suggestive oder das rein rational Überredende bevorzugt werden.

(Zitiert nach: Theorie des Dramas, S. 72f.; vgl. Brecht, Theater, S. 265)

Brechts Bestimmung des Realismus

Die weltanschaulichen Voraussetzungen seiner ästhetischen Theorie führen Brecht auch zu einem veränderten Verständnis des Abbildverhältnisses von Bühnenwirklichkeit und gesellschaftlicher Realität. Geschichtliche Ereignisse können für den Stückeschreiber nicht mehr als Anlaß dienen, aus dem Vergangenen unvergängliche Werte herauszudestillieren; vielmehr geht es ihm darum, das Überholte an der Vergangenheit sichtbar zu machen. Die Gegenwart liegt ihm nicht mehr als zwangsläufig entstandenes, unveränderbares Fixum vor. Damit eröffnet sich auf der Bühne als Teil der geschichtlich-sozialen Wirklichkeit ein Experimentierfeld der Möglichkeiten. Der Naturalismus glaubte, die gesellschaftliche Wirklichkeit durch möglichst genaue Widerspiegelung (bis auf einen kleinen

Kein unmittelbares Abbilden von Wirklichkeit

Rest, X genannt) erfassen und kritisieren zu können. Diese unmittelbare Abbildung der Wirklichkeit würde aber für Brecht den falschen Schein der Wirklichkeit mit übernehmen; sie würde nur zeigen, wie die soziale Welt erscheint, nicht wie sie ist und funktioniert. Gerade die bestimmenden Kräfte der sozialen Wirklichkeit soll aber der Zuschauer bei Brecht erkennen. Unter Realismus versteht er deshalb ein produktives Sichtbarmachen der gesellschaftlichen Zusammenhänge. Die Denkmethode der historischen Dialektik dient ihm dazu, Widersprüche der bestehenden kapitalistischen Gesellschaft zu analysieren (vgl. S. 53). Daraus ergeben sich für die Machart seiner Stücke Konsequenzen, die deutlicher als in den Geschichtsdramen in den Parabelstücken, geradezu beispielhaft in dem Stück „Der gute Mensch von Sezuan" zu beobachten sind.

Realismus: Aufdecken von Zusammenhängen

„Der gute Mensch von Sezuan" als Beispiel des Parabelstückes bei Brecht

Die Parabel gehört zur Gattung der lehrhaften Literatur. Vordergründig wird eine Geschichte erzählt; die Erzählung bleibt aber nicht Selbstzweck. Schon die Erzählsituation gibt häufig einen Hinweis darauf, daß die Erzählebene auf eine zweite, die Bedeutungsebene, hinweist. In Lessings dramatischem Gedicht „Nathan der Weise" gibt Nathan auf die Frage Saladins, welche der drei Weltreligionen die wahre sei, seine Antwort in Form einer Parabel; Nathan selbst nennt die Geschichte ein Märchen. Die Gesprächssituation signalisiert eindeutig, daß das ‚Märchen' etwas bedeutet. Die Parabel als lehrhafte Gattung setzt also zumeist eine Gesprächssituation zwischen Lehrendem und Lernendem voraus.

Gesprächssituation der Parabel

Lessings Ringparabel

Wir verdeutlichen kurz, wie sich dem Publikum Lessings die Bedeutung der Ringparabel erschließt, um aus dem Vergleich ein präziseres Verständnis dessen zu gewinnen, was Brecht unter einem Parabelstück versteht (vgl. Lessing, Nathan der Weise

III, 7). Nathan erzählt von einem Vater, der aufgrund der Familientradition verpflichtet ist, einen Ring, der die „geheime Kraft" hat, „vor Gott und Menschen angenehm" zu machen, seinem Lieblingssohn zu vererben. Da er aber seine drei Söhne alle in gleicher Weise liebt, läßt er zwei Duplikate anfertigen, die er selbst von dem echten Ring nicht mehr zu unterscheiden vermag. Als die Söhne nach dem Tode des Vaters den frommen Betrug entdekken, geraten sie in Streit darüber, wer von ihnen den echten, mit Wunderkraft ausgestatteten Ring besitze und übertragen die Entscheidung schließlich einem Richter.

Erzählebene

Die Bedeutungsebene der Ringparabel erschließt sich durch die Gleichsetzung der drei Ringe mit den drei Weltreligionen, die Nathan dem Sultan als Schlüssel für seine Erzählung vorgibt. Von diesem Ansatz aus läßt sich die Geschichte Punkt für Punkt von der Erzählebene auf die Bedeutungsebene übertragen: Der Vater, also Gott, schenkt die drei Ringe, die drei Offenbarungsreligionen, seinen drei Söhnen, Juden, Christen und Moslems; diese streiten sich darum, wer den echten Ring, also die wahre Offenbarung für sich in Anspruch nehmen kann. Nathan legt dem Richter, an dem Saladin sich ein Beispiel nehmen soll, die Vertagung des endgültigen Urteils auf ein anderes Gericht, das jüngste Gericht am Ende aller Zeiten, nahe und ersetzt das geforderte Urteil durch den Appell, durch moralisches Handeln die Wunderkraft des echten Ringes, des rechten Glaubens also, zu erweisen. Die Lektion, die Nathan dem Saladin erteilt, ist zugleich auch die Lehre, die der Aufklärer Lessing seinem Publikum erteilen will. Durch den Schlüssel der Ringparabel erschließt sich dem Zuschauer zugleich auch die Bedeutungsebene der Bühnenhandlung: Das gute Ende des Dramas, an dem sich Christ, Jude und Moslem, in Toleranz vereint, als Blutsverwandte erkennen, verweist auf ein gutes Ende des Geschichtsprozesses, das im Vertrauen auf dessen Lenkung durch eine weise Vorsehung zumindest erhofft werden darf. Indem die Ringparabel in ein Gespräch zwischen Nathan und Saladin eingebaut ist, das den Sultan und die Zuschauer zugleich in

Bedeutungsebene

‚Scheitel' der Parabel

Vermittlerfunktion des Erzählers der Parabel

die Rolle der Lernenden versetzt, erhalten diese einen Wink für die Deutung des gesamten Dramas.

Parabel bei Brecht: Kein Erzähler als Vermittler

Die Aufschlüsselung des Parabolischen in Brechts Parabelstücken stellt an das Publikum insofern höhere Ansprüche, als die Vermittlerfunktion, die bei Lessing Nathan als Erzähler der Ringparabel spielt, wegfällt. Der Stückeschreiber selbst nimmt die Rolle des Parabelerzählers ein, ohne in die Bühnenhandlung eine Person einzuführen, die gleichsam als Interpret seiner Intention auftritt. Daraus ergibt sich zugleich als Folge, daß die ‚erzählte' fiktionale Welt des Stückes schon ‚zugerichtet' ist, wie ja auch der Erzähler der Ringparabel absichtsvoll ‚drei' Ringe in die Parabel einführt. Die soziale Wirklichkeit soll also nicht, wie sie ist, abgebildet werden. Durch die Auswahl der Details der ‚Erzählung' werden vielmehr schon Rezeptionsvorgaben gemacht, die dazu dienen, die soziale Wirklichkeit durchschaubar zu machen. Damit erfüllt das Parabelstück genau das, was Brecht als Realismus der Darstellung fordert. Wenn er die Aufspaltung einer Person in Shen Te und Shui Ta erfindet, geht dieser Fiktion schon die Erkenntnis des Stückeschreibers voraus, daß die soziale Wirklichkeit durch Widersprüche charakterisiert ist. Der Denkimpuls, den er im Zuschauer erreichen will, kann damit schon nicht mehr in beliebige Richtungen verlaufen; er ist vielmehr von vornherein gesteuert. Zum anderen gibt Brecht eine Antwort, wie sie Lessing über Nathan vermittelt, nicht. Durch das Bühnengeschehen werden nur Hypothesen aufgeworfen und erprobt, wobei dem Publikum ein ständig mitlaufendes Bewußtsein der Fiktionalität erhalten bleibt.

Die Dramenhandlung als Parabelerzählung

Rezeptionsvorgaben durch den V-Effekt

So erweist sich das konkrete Beispiel der ‚Fabel' als Experiment, in dem nicht Wirklichkeit, wie sie ist und sein muß, sondern Wirklichkeit als Möglichkeit mit dem Blick darauf, wie es anders sein könnte, durchgespielt wird. Das Bühnengeschehen verhält sich zur sozialen Wirklichkeit wie die vom Naturwissenschaftler hergestellte Laborsituation zum Naturgeschehen. Das ist auch der Grund, weshalb in den einzelnen Bildern von Brechts Stück immer wieder neue Bedingungen eingeführt werden: Das

Geldgeschenk der Götter, die Forderungen Lin Tos und Frau Mi Tzüs, die Heiratsannonce können zum Beispiel als Veränderung der Versuchsbedingungen des im Stück durchgespielten Experiments aufgefaßt werden. Das Gespräch zwischen Saladin und Nathan, aus dem der Zuschauer die dem Sultan erteilte Lehre nur auf sich und sein Verhalten übertragen muß, vollzieht sich nun zwischen dem Zuschauer und dem Stückeschreiber über die Vermittlung der Bühnenhandlung. Deshalb bedarf das Parabelstück Brechts ästhetischer Signale, die den Reflexions- und Lernprozeß des Zuschauers steuern und es ihm damit ermöglichen, aus der ‚erzählten' Bühnenhandlung die Bedeutungsebene zu erschließen. Diese Funktion übernehmen die V-Effekte.

Ästhetische Signale steuern Reflexion des Zuschauers

Epische Theatermittel in „Der gute Mensch von Sezuan“

Das achte Bild als Beispiel für die Wirkung des V-Effektes

Die achte Szene, die auch unter inhaltlichem Aspekt eine Schlüsselstellung einnimmt, bietet ein Beispiel dafür, wie der Stückeschreiber den V-Effekt verwendet und welche Wirkungsabsicht er damit verknüpft. Frau Yang erzählt den Werdegang ihres Sohnes. Die Erzählsituation stellt nach Brechts Theorie zunächst einmal die Atmosphäre ruhiger und distanzierter Gelassenheit her, die dem Publikum Zeit zum Nachdenken geben soll. Wie wir Frau Yangs Worten entnehmen, soll ihre Erzählung eine Zeitspanne von drei Monaten überbrücken.

Frau Yangs Erzählung wird durch szenische Einblendungen unterbrochen

Wenn Frau Yang erzählt, dann geschieht dies aus ihrer subjektiven Perspektive. Um dem Zuschauer eine objektive Sicht zu ermöglichen, verfremdet Brecht die Erzählung, indem er sie durch szenische Rückblenden unterbricht. Die Technik der Rückblenden kann allerdings verschiedene Wirkungsabsichten haben. Sie dient zum Beispiel der Illustration einer Aussage (oder einer Stimmung). Bei Brecht ist das ganz offensichtlich nicht der Fall.

Funktion der Einblendungen

Die szenischen Rückblenden stehen in deutlichem Kontrast zu Frau Yangs Bewertung der Vorgänge. Diese spricht Shui Ta Weisheit und Strenge zu; die Einblendungen zeigen aber, daß Shui Ta Sun nur deshalb fördert, weil sein Verhalten seinen Interessen als Fabrikbesitzer nutzt. Frau Yang nennt den Posten ihres Sohnes „ehrliche Arbeit“ und Pflichterfüllung, obwohl das Publikum deutlich vor Augen hat, daß er sich zum Leuteschinder emporgearbeitet hat.

Kontrast zwischen Bühnenbild und Erzählung

Auch das Bühnenbild wird, ganz in Übereinstimmung mit Brechts Theorie, als Kontrast zu Yangs Erzählung eingesetzt. Angesichts der Baracken, in denen einige Familien „entsetzlich zusammengepfercht" hinter Gittern hocken, wird Frau Yangs Dankbarkeit gegenüber Shui Ta höchst fragwürdig. Die Kombination der V-Effekte, Erzählung der Situation durch Frau Yang mit eingeblendeter szenischer Darstellung, ermöglicht dem Publikum eine kritische Stellungnahme zum Bühnengeschehen. Fragwürdig und damit kritisierbar wird durch diese Gegenüberstellung zunächst Frau Yangs Standpunkt, der sich als interessengebunden erkennen läßt. Da Frau Yang diese Interessen jedoch nicht offen ausspricht, sondern mit Gefühlen und moralischen Bewertungen verbrämt, liefert sie zugleich die Rechtfertigung für den von Shui Ta geschaffenen und erhaltenen Zustand.

V-Effekte fördern die kritische Stellungnahme des Publikums

Der Zuschauer kann diese ideologische Sehweise Frau Yangs zudem entlarven, da Brecht ihr eine überschwengliche Sprache in den Mund legt. Frau Yang preist nicht nur die Güte Shui Tas, sie hält ihn für „unendlich gütig", deshalb meint sie auch, ihr Sohn und sie könnten Herrn Shui Ta „wirklich nicht genug danken". Außerdem bewirken Anklänge an die Bibel und Zitate chinesischer Sprichwortweisheit die Hochgestochenheit ihrer Rede. („S. 117: Das Edle ist wie eine Glocke ...").

V-Effekt der Sprache

Die szenische Darstellung, die Sun als Aufseher zeigt, wird erneut durch das „Lied vom achten Elefanten" unterbrochen. Es erzählt die Parabel von den acht Elefanten des Herrn Dsching, die von einem ‚zahmen', das heißt diesem gehorsamen Elefanten, der im Gegensatz zu den Arbeitstieren seine Zähne behalten durfte, beim Roden des Waldes bewacht werden. Wie mehrfach im Werk Brechts dient der Elefant als Fabeltier in diesem Song dazu, die ‚Leiden der Brauchbarkeit' zu verdeutlichen.

Der Song als V-Effekt

Die Situation – Sun treibt die Arbeiter durch rhythmisches Klatschen zu einem höheren Arbeitstempo an – läßt erkennen, daß der Song als Kritik an Sun vorgetragen wird, der seine intellektuellen Fähigkeiten in die Dienste Shui Tas stellt, um aus dem Elend seiner Arbeitskameraden Profit zu schlagen. Damit unterstützt er das System der Ausbeutung, dem er trotz der ihm wie dem achten Elefanten eingeräumten Privilegien letztlich ausgeliefert ist. Der von einem Arbeiter vorgetragene

Inhaltlicher Bezug zum Bühnengeschehen

Song, in dessen Refrain alle einstimmen, spiegelt das Bühnengeschehen kritisch. Aber der Song ist durch weitere befremdliche Signale im Kontext der Szene verfugt. Sun singt lachend – so wird im Lied auch Herr Dschin charakterisiert – zunächst die dritte Strophe mit und beschleunigt in der letzten Strophe das Arbeitstempo durch Händeklatschen.

Doppelung des V-Effekts entlarvt, wie Sun Kritik umfunktioniert

Die aufpeitschende Rhythmik des Protestsongs dient ihm zur Steigerung des Arbeitstempos. Damit verdeutlicht Brecht die Stabilität des Systems der Ausbeutung, das durch die von Frau Yang vorgetragene moralische Aufwertung und durch die Dienste seines Handlangers Sun gefestigt wird. Shui Ta und Sun präsentieren sich laut Regieanweisung als Einheit: Yang Sun singt lachend das auf ihn gemünzte Lied mit, hinter ihm tritt „gemächlich schlendernd und eine Zigarre rauchend" Shui Ta auf die Szene. Mit der Kritik an Suns Verhalten verknüpft sich also die Kritik an dem von Shui Ta errichteten System, dessen Funktionieren eben durch die vielfältigen Brechungen der Handlung, durch Erzählung, szenische Darstellung, Song und Regieanweisungen, sichtbar gemacht wird.

Übersicht über die wichtigsten V-Effekte des Stückes

Die wichtigsten V-Effekte sind hier unter den für das Drama grundlegenden Elementen von Handlung und Charakterisierung der Personen systematisch aufgeführt. Die Sprache, die gleichfalls als eine Realisierung des V-Effektes aufzufassen ist, wird, da in diesem Zusammenhang etwas ausführlichere Erläuterungen notwendig sind, im folgenden Kapitel gesondert behandelt.

V-Effekte der Handlungsebene

Handlung

1. Die Provinz Sezuan als Ort und eine Zeit, welche durch die Verbindung frühkapitalistischer Wirtschaftsverhältnisse mit ersten Errungenschaften

des technischen Zeitalters charakterisiert ist, schafft Distanz zwischen dem Bühnengeschehen und dem Publikum. Den Hinweis darauf, daß – bezogen auf das China nach der roten Revolution – die Orte der Parabel heute nicht mehr zu denjenigen gehören, „an denen Menschen von Menschen ausgebeutet werden“, hat Brecht nachträglich ergänzt. Das Stück wurde ja schon im Jahre 1943, also sechs Jahre vor Gründung der Volksrepublik China, in Zürich uraufgeführt.

2. Der gesamte Verlauf der Handlung ist insofern ‚verfremdet‘, als das Bühnengeschehen die Widersprüche der realen Welt modellhaft transparent macht. (Vgl. dazu S. 72).

3. Verschiedene Wirklichkeitsebenen: Traum (Zwischenspiele), ‚reale‘ und legendenhafte Wirklichkeit (Vorspiel und 10. Bild) werden durch Montage verknüpft.

4. Der Handlungsverlauf wird durch verschiedene Mittel unterbrochen. Die Zwischenspiele, in denen die Götter Wang im Traum erscheinen, bringen keinen Fortgang der Handlung; sie dienen nur der Information des Zuschauers über die Beurteilung der Ereignisse durch Wang oder die Götter. Auch die Songs bedeuten, obwohl sie im Bühnengeschehen verankert sind, meist eine Unterbrechung der Handlung. Eine ähnliche Wirkung haben Partien in rhythmisierter Sprache, die ein Heraustreten des Schauspielers aus dem von der Bühnenrolle vorgegebenen Niveau signalisieren. Unterbrechungen des Zeitkontinuums werden außerdem durch das episierende Moment der Erzählung als Rückblende erreicht (8. Bild). Ähnliche Funktion hat die als Vorblende eingefügte Pantomime Shen Tes im siebten Bild, in der sie eine Szene aus dem Leben ihres noch ungeborenen Sohnes darstellt.

V-Effekte bei der Charakterisierung

Personen

1. Die Aufspaltung einer Person in die Doppelrolle von Shen Te und Shui Ta ist als Produkt der herr-

schenden Verhältnisse zu verstehen; sie darf keinesfalls psychologisch als Kampf von ‚zwei Seelen' im Innern Shen Tes gedeutet werden. Auf die möglicherweise in verfremdender Absicht getroffene Wahl der chinesischen Namen – Shen Te bedeutet soviel wie ‚heilige Tugend', Shui Ta könnte mit ‚angenehm erreichen' übersetzt werden – hat Kurt Bräutigam hingewiesen (Bräutigam, S. 11). Die konträren Verhaltensweisen der Doppelrolle werden durch Parallelszenen hervorgehoben: Der Kontrast im Verhalten von Shen Te und Shui Ta zeigt sich gegenüber Wang im Vergleich des vierten mit dem fünften Bild; gegenüber Lin To im Vergleich des ersten mit dem zweiten Bild; und gegenüber Sun am Ende des vierten Bildes.

2. Die Geschlossenheit der Bühnenfigur wird durch das Überspringen auf andere Reflexionsebenen verhindert. Das ist vor allem bei Shen Te, aber auch bei Wang in den Traumszenen der Fall. Seine naive Gläubigkeit, die ihn in eine Traumwelt versetzt, in der ihm die Götter erscheinen, steht oft in Kontrast mit dem Inhalt dieser Träume. Er erzählt den Göttern wie ein Meister den Schülern Parabeln – Situationen, die Brecht durch V-Effekte auffällig macht (vgl. S. 36 und 39), – und übertrifft dabei oft die Urteilsfähigkeit der „Erleuchteten". Auch er ist also eine Kunstfigur, deren Künstlichkeit Brecht deutlich hervorhebt.

3. Die komische Wirkung der Götter resultiert aus dem Widerspruch zwischen erwartetem und tatsächlichem Verhalten. Ihr Verschwinden am Ende des Stückes steht zudem in Kontrast mit dem aus der Antike überlieferten Dramenschluß, wo, durch Theatermaschinen auf die Szene gebracht, ein rettender *deus ex machina* allen Verwirrungen ein Ende setzte.

4. Die übrigen Personen sind durch ihre Zugehörigkeit zu bestimmten gesellschaftlichen Gruppierungen bestimmt; sie werden als Typen dargestellt. Sie gehören der besitzenden Klasse (Shu Fu, Frau Mi Tzü), der Schicht der kleinen Geschäftsleute, deren

Existenz gefährdet ist (das Teppichhändlerehepaar), oder der großen Zahl der völlig Verelendeten (die achtköpfige Familie und im Verlauf des Stückes auch der Schreiner Lin To) an. Daß sich der Polizist, die Shin und vor allem Sun und seine Mutter als Stützen des Systems erweisen, die in ihrem kurzsichtigen Spekulieren auf den eigenen Vorteil nicht bedenken, daß sie damit zu ihrem eigenen Verderben beitragen, zeigt Brecht mit Hilfe von V-Effekten (vgl. S. 40–49; 76–78).

Sprache

Schlichtheit und Präzision

Zunächst fällt die Schlichtheit der Dialogsprache auf, die auf Ausschmückung durch Adjektive und Bilder verzichtet. Knappheit und Präzision charakterisieren die Sprache Brechts. Durch Abweichungen von diesem Stil charakterisiert er den sozialen Gestus, das heißt das charakteristische Verhalten bestimmter sozialer Gruppen. Das zeigt sich besonders deutlich an der Sprache von Personen, die zu der besitzenden Klasse gehören. Sie sprechen gerade keine knappe, sachbezogene, sondern eine der Situation oft nicht angemessene überhöhte Sprache, die den falschen Schein, den sie damit erzeugen wollen, durch den Kontrast entlarvt. So gibt sich Herr Shu Fu, dessen eindeutige Absichten gegenüber Shen Te durchschaubar sind, der Lächerlichkeit preis, wenn er schwärmerisch verkündet: „Zwei Seelen werden sich finden, über den Blumen des Tisches“ (S. 77). Auch Frau Mi Tzü verbrämt ihre vorwiegend ökonomischen Interessen, wenn sie die Eröffnung von Shen Tes Laden als „schönen Augenblick“ feiert (S. 24). Frau Yang, die ihr Standpunkt als Erzählerin in dem achten Bild als Stütze des bestehenden Systems charakterisiert, zeigt in ihrem Sprachverhalten, daß sie die herrschenden Werte verinnerlicht hat. Mit ihrer Neigung zum Hochgestochenen imitiert sie den Sprachgestus der Besitzenden. Auch ihr dienen Worte zur Verschleierung ihrer eigentlichen Erwartungen, wenn sie in der

Charakterisierung des sozialen Gestus

Hochzeitsszene vernehmen läßt: „Oh, bitte nichts von Geschäften heute! Das bringt einen so gewöhnlichen Ton in die Feier“ (S. 85). Auch die Shin, wie Shen Te „am Rinnstein aufgewachsen“ (S. 77), imitiert als ‚Aufsteigerin‘ das Sprachverhalten der herrschenden Klasse: „Das beweist wohl echte Neigung, möchte ich meinen“ (S. 67). Die Neigung zur Phrasenhaftigkeit ist auch für die Sprache der Götter charakteristisch (S. 94: „Leid läutert“). Sie sprechen also die Sprache der Klasse, deren Interessen sie letztlich legitimieren.

Dialogsprache – Reflexionssprache

Die Sprache Wangs und Shen Tes umfaßt mehrere Ebenen. Der Schlichtheit der Dialogsprache stehen Partien in freien Rhythmen gegenüber, die vor allem durch rhetorische Mittel Nachdruck erhalten. Parataktisch gereihte Sätze (S. 48: „Ich bin eine Reiche ... Ich gehe allein. Ich schlafe allein“) oder an alttestamentarische Psalmen erinnernde Parallelismen (S. 80: „Ich will mit dem gehen, den ich liebe./Ich will nicht ausrechnen, was es kostet ...“) sollen nur als beispielhafte Hinweise auf dieses Charakteristikum dienen. Insgesamt kann man sagen, daß Brecht den V-Effekt auf sprachlicher

Komik durch Kontraste

Ebene im wesentlichen durch Kontrastwirkung erreicht. Brecht montiert, um solche Kontraste zu erreichen, Sprachmaterial, das er literarischen Texten, besonders häufig der Bibel, entlehnt, mit ‚niederen‘ Sprachebenen, zum Beispiel volkstümlichen und redensartlichen Wendungen. Der künstlich überhöhte Sprachgebrauch von Frau Yang, der Versatzstücke aus der Bibel enthält (S. 112: „Du bist vom rechten Weg abgewichen“), steht zum Beispiel in Kontrast zu der kühlen, äußerst direkten Ausdrucksweise ihres Sohnes (S. 89: „kein Laden mehr

Parodie

und auch keine Heirat“). Auch die Wirkung der in diesem Stück von Brecht weniger häufig verwendeten Parodie beruht auf dem Kontrast. Am Schluß des Stückes verwendet er allerdings parodistisch die Reimform, die er als Ausdrucksmittel seiner Lyrik ablehnt, um die komische Wirkung des Entschwindens der Götter zu verstärken.

Unpersönliche Ausdrücke

Die für die Sprache Brechts insgesamt typische Häufung unpersönlicher Ausdrucksweisen hat unterschiedliche Funktionen. Sie kann der Charakterisierung des sozialen Gestus dienen. Dies ist der Fall, wenn Shu Fu sein Verhalten gegenüber Shen Te charakterisiert, sich als ‚Täter' aber ausspart: „Kann man mehr tun? ... Nein, hier wird nicht eine unglückliche Lage ausgenutzt" (S. 78). So versteckt sich auch Frau Mi Tzü hinter der Anonymität von Floskeln: „Das hat man davon, wenn man Leute ins Haus nimmt ..." (S. 38). Auch die Götter formulieren ihre moralischen Appelle in Form von Gemeinplätzen (S. 54: „Ganz gleich, man bezahlt, was man schuldig ist"). Aber auch in den Songs kommen solche unpersönlichen Wendungen vor. Dort bringen sie oft Gruppenerfahrungen zum Ausdruck (S. 91: „das hat wohl ein jeder gehört"; S. 92: „heißt es").

Epischer Sprachgestus

Daß bei Brecht die ‚Bühne erzählt', wird auch an episierenden Momenten der Sprache deutlich. Die Songs stehen häufig im Präteritum. Dementsprechend häufig sind zeitliche Verweise (S. 27: „*Einstmals*, vor das Alter meine Haare bleichte"; S. 91: *Eines Tages,* und das hat wohl ein jeder gehört"). Auch Shen Te verwendet zur Selbstcharakterisierung das Präteritum, so zum Beispiel an einer Stelle, an der sie eher ihre Wünsche als die Realität vor Sun darstellt (S. 48: „Ich bin eine Reiche, sagte ich").

„Der gute Mensch von Sezuan“ – Verzicht auf literarische Utopie?

Literarische Utopie bei Lessing

Literarische Utopie bei Lessing

Das Ziel, zur Schaffung einer besseren Gesellschaft beizutragen, das Brecht mit dem Aufklärer Lessing teilt, legt es nahe, sein Werk unter dem Gesichtspunkt der literarischen Utopie zu interpretieren, wie dies bei Lessing möglich ist. Der etwas schwierige Begriff der literarischen Utopie soll hier weder in der am weitesten gefaßten Bedeutung, die fast gleichzusetzen ist mit ‚fiktional‘, das heißt: als Phantasiegebilde von einem Dichter ausgedacht, noch in dem sehr engen Sinne einer ausgemalten Zukunft, wie es in der Science-fiction-Literatur der Fall ist, verstanden werden. Gemeint ist hier die literarische Gestaltung einer besseren Welt als Kritik an schlechten Verhältnissen und Entwurf einer idealen Welt. Wie schon in der „Utopia“ von Thomas Morus steht bei Lessing der Kritik an religiöser Intoleranz das positive Leitbild einer in brüderlicher Toleranz vereinten Menschheit gegenüber.

Literarische Utopie: Entwurf einer idealen Welt

Die am Ende des dramatischen Gedichts „Nathan der Weise“ aufscheinende Möglichkeit eines guten Endes setzt aber nicht den Schlußstrich unter den Erziehungsprozeß der Menschheit, er bleibt vielmehr in Richtung auf die Zukunft offen. Das in die Zukunft projizierte Ideal ist bei Lessing in seinem Inhalt jedoch umrißhaft bestimmbar, sein Eintreten erscheint ihm in der Schrift „Erziehung des Menschengeschlechts“ gewiß:

Zielvorstellung ist bei Lessing vorhanden

§ 85

> Nein, sie wird kommen, sie wird gewiß kommen, die Zeit der Vollendung, da der Mensch, je überzeugter sein Verstand einer immer bessern Zukunft sich fühlet, von dieser Zukunft gleichwohl Bewegungsgründe zu seinen Handlungen zu erborgen nicht nötig haben wird; da er das Gute tun wird,

weil es das Gute ist, nicht weil willkürliche Belohnungen darauf gesetzt sind, die seinen flatterhaften Blick ehedem bloß heften und stärken sollten, die innern bessern Belohnungen desselben zu erkennen.
(Lessing, Erziehung des Menschengeschlechts)

Die bessere Zukunft ist primär durch eine Verbesserung der moralischen Qualitäten, die sich im Inneren des Menschen abspielt, charakterisiert.

Literarische Utopie bei Brecht?

Zielvorstellung bei Brecht?

Wie steht es nun bei dem Gesellschaftskritiker Brecht mit dem Entwurf einer konkret funktionierenden befreiten Gesellschaft? In der Tat gewinnt die modellhafte Antizipation eines gelingenden Lebens in einer gerechten Gesellschaft bei Brecht, wenn man einmal von der durch V-Effekte fragwürdigen ‚goldenen Zeit' des Richteramtes von Azdak im „Kaukasischen Kreisekreis" absieht, kaum Gestalt. Dieser ‚Mangel' hat seine Ursache in Brechts geschichtsphilosophischen Voraussetzungen, wie sie im Buch „Me Ti" zum Ausdruck kommen:

Die Große Ordnung verwirklichen

Viele halten die *Große Ordnung*, von der Ka-meh, En-fu und Mi-en-Ich gesprochen haben, für eine aller vorhandenen Ordnung oder Unordnung ganz entgegengesetzte Ordnung, einen fertigen Plan, den es zu verwirklichen gilt. Nun ist sicher, was wir haben, Unordnung, und was wir planen, Ordnung, aber das Neue ergibt sich aus dem Alten und ist seine nächste Stufe. Wir versuchen weniger, etwas ganz Anderes, zu dem es keinen Zugang gibt, durchzusetzen, als den nächsten Schritt zu tun, d.h. den Schluß aus dem Vorhandenen zu ziehen. Das Neue entsteht, indem das Alte umgewälzt, fortgeführt, entwickelt wird.
(Brecht, Prosa, S. 527)

Kein konkreter Gegenentwurf bei Brecht

Ein idealer Endzustand ist für Brecht auf der Bühne schon deshalb nicht darstellbar, weil sein Inhalt noch nicht bestimmt und auch nicht bestimmbar ist. Im Gegensatz zu Lessing, für den die „Zeit der Vollendung“, die am Ende des Geschichts- und Erziehungsprozesses der Menschheit steht, schon als moralische Vervollkommnung charakterisiert werden und deshalb auch als glückliches Ende seines Dramas zum Vorschein kommen kann, verleihen bei Brecht die Menschen diesem Ziel erst im Verlauf des Geschichtsprozesses allmählich konkrete Gestalt. Da jede Zeit ihre Chancen und Schwierigkeiten hat, würde Brecht seinem eigenen Ansatz widersprechen und unhistorisch verfahren, wenn er vorgeben würde, aus den historischen Bedingtheiten seiner Zeit heraus ein überzeitlich gültiges Ziel der Menschheitsgeschichte entwerfen zu können.

„Die Hoffnung auf den St. Nimmerleinstag“. Zur Interpretation eines Leitmotivs der Songs

Verweise auf ‚Utopia‘

Nun verweisen aber in dem Stück „Der gute Mensch von Sezuan“ auffällig viele Songs auf den Bereich der Utopie. Vier von insgesamt fünf Songs handeln vom Thema der Hoffnung auf eine bessere Zukunft. Bei allen führen Wünschen und Hoffen zur Ratlosigkeit oder Resignation der Sänger. Das „Lied vom Rauch“ endet mit der Feststellung, daß das Tor zur Zukunft „nur ins Nichts“ offen steht. Wangs Wunschträume von der großen Dürre ändern nichts an der Realität des strömenden Regens, so daß er am Schluß des Liedes die ausbleibenden Käufer beschimpft: „Kauft Wasser, ihr Hunde!“ Shen Tes „Lied von der Wehrlosigkeit der Götter und Guten“ schließt mit der hilflosen Frage nach dem Eingreifen der Götter: „Warum stehn sie den Guten nicht bei mit Tanks und Kanonen/und befehlen: Gebt Feuer! Und dulden kein Dulden?“ Suns „Lied vom St. Nimmerleinstag“ endet im Paradox (S. 92: „Am

Scheiternde Hoffnungen

St. Nimmerleinstag/Beim ersten Hahnenschrei"). Durch das Mittel des V-Effektes versetzt Brecht den Zuschauer in die Lage, die Gründe für das Scheitern der vorgetragenen Hoffnungen herauszufinden. Die Verknüpfung der Songs mit dem Handlungszusammenhang der Szene akzentuiert ihre Bedeutung als Spiegelung des Geschehens, das den Zuschauer zur Stellungnahme auffordert. Das „Lied vom St. Nimmerleinstag" nimmt die Situation des vergeblichen Wartens auf Shui Ta auf, das „Lied des Wasserverkäufers im Regen" die Schwierigkeiten Wangs, bei strömendem Regen seine Ware zu verkaufen; das „Lied von der Wehrlosigkeit der Götter und Guten" gibt eine notwendige Information: die Verkleidung Shen Tes in Shui Ta.

Denkaufgabe für den Zuschauer

Der Sänger schafft durch das Vortreten an die Rampe Kontakt mit dem Publikum und zugleich Distanz zu seiner Bühnenrolle, die durch verfremdende sprachliche Signale noch verstärkt wird. Shen Tes „Lied von der Wehrlosigkeit der Götter und Guten" unterscheidet sich durch den höheren Abstraktionsgrad von ihrer sonstigen Redeweise. Der Großvater, der Mann und die Nichte sprechen in dem „Lied vom Rauch" eine gehobene Sprache, über die sie im Bühnendialog nicht verfügen. Das Motiv der Kälte gebraucht Brecht auch in seiner Lyrik als Metapher für den schlechten Zustand der Welt. (Z.B. Brecht, Gedichte, S. 61: „Was für eine Kälte muß über die Leute gekommen sein.")

Vermittlung von Distanz

Die Inhalte der Wünsche und Hoffnungen und die Vorstellungen über ihre Realisierbarkeit bleiben an die durch ihre Situation bedingte eingeschränkte Perspektive der Sänger gebunden. Damit die Guten gut bleiben können, fordert Shen Te einen realen Eingriff in den Zustand der Welt mit „Tanks und Kanonen", wendet sich aber an die falschen Instanzen, wenn sie ihre Frage an die Götter richtet. Wang setzt im „Lied des Wasserverkäufers im Regen" seine ganze Hoffnung auf die Dürre, ein Naturereignis, das ungeeignet ist, seine ökonomische Situation von Grund auf zu ändern. Sun verknüpft in seinem „Lied vom St. Nimmerleinstag" seinen persönlichen Wunsch, eine Fliegerstelle zu erhalten, und seine Hoffnung auf eine bessere Gesellschaft (4. Strophe)

Eingeschränkte Perspektive auf der Bühne – erweiterte Perspektive des Publikums

mit der Märchenvorstellung des Schlaraffenlandes („Ohne daß er mehr tut“), einer Änderung der Naturgesetze („Und das Gras sieht den Himmel hinab ...“) und religiösen Heilserwartungen („Eines Tages ... Kommt des armen Weibs Sohn auf ’nen goldenen Thron“; „wird die Erde zum Paradies“). Er hofft also auf den Jüngsten Tag, an dem die Guten belohnt und die Schlechten bestraft werden sollen (2. Strophe). Der falschen Annahme, daß eine Veränderung der schlechten Lebensbedingungen durch eine Änderung des Verhaltens bewirkt werden könne, verfallen die Sänger des „Liedes vom Rauch“.

Verführung zu illusionärer Hoffnung

Indem der Zuschauer die Gründe des Scheiterns der Hoffnungen darin erkennt, daß sich die Sänger von der gesellschaftlichen Realität abwenden und auf bloße Illusionen bauen, wird es ihm zugleich möglich, deren Resignation nicht als notwendige Reaktion hinzunehmen, sondern nach Alternativen zu fragen. Das künstlerische Raffinement, das Brecht einsetzt, um durch die Gegenüberstellung von Bühnengeschehen und Song beim Publikum einen Reflexionsprozeß in Gang zu bringen, zeigt sich besonders deutlich am sechsten Bild. Sun singt nach seinen eigenen Worten das Lied zur „Unterhaltung“ in einer Situation, die ebensowenig wie die der Sänger des „Liedes vom Rauch“ dazu geeignet erscheint, unterhaltsame Lieder vorzutragen. Er singt es außerdem, wie er sagt, für seine Gäste, die zu diesem Zeitpunkt die Szene allerdings schon verlassen haben. Die Rolle der imaginären Gäste muß also das Publikum einnehmen. Der schon durch den Widerspruch zwischen der Bühnensituation und Suns Behauptungen verfremdend eingeführte Song bietet selbst ein Musterbeispiel dafür, wie Brecht durch sprachliche Signale Widersprüche erkennbar macht. Die illusionären Hoffnungen Suns erfüllen sich nach seinen eigenen Worten am St. Nimmerleinstag, also nie. Mit der Wahl der redensartlichen Metapher, die aus dem religiösen Bereich stammt, setzt Brecht für das Publikum ein Signal, das im Zusammenhang mit den im Song vorkommenden Anklängen an religiöse Heilserwartungen einen Hinweis auf die Frage gibt, woher

Das Paradox des St. Nimmerleinstags

Suns verkehrte Hoffnungen stammen. Das Illusionäre seiner Hoffnung zeigt sich auch an seinen widersprüchlichen Aussagen über den Zeitpunkt der erhofften Veränderung. Präzise Zeitangaben („um halb acht oder acht") werden mit dem schon durch die Wortwahl als Phantasterei charakterisierten St. Nimmerleinstag verknüpft. In den beiden letzten Zeilen spitzt sich durch die harte Aneinanderfügung von zwei logisch unvereinbaren Metaphern die Widersprüchlichkeit von Suns Aussage zum Paradox zu.

Das von Brecht eingesetzte Stilmittel von Kontrast und Widerspruch ist insofern im Sinne seiner ästhetischen Theorie realistisch, als es die Widersprüche der bestehenden Gesellschaftsordnung sichtbar macht. Indem das achte Bild den Zusammenhang zwischen den ökonomischen Grundbedingungen des Bühnengeschehens und dem Interesse der herrschenden Klasse, in erster Linie repräsentiert durch Shui Ta, an der Legitimation der ungerechten bestehenden Gesellschaftsordnung durch angeblich von den Göttern eingesetzte ewig gültige ‚Gebote' und Werte aufzeigt, entspricht Brecht mit seinem Parabelstück den Forderungen der historischen Dialektik. Seine zentrale Wirkungsabsicht ist die Kritik an der bürgerlichen Ideologie und Religionskritik, insofern sich die Religion als Stütze der herrschenden schlechten Verhältnisse erweist. Sowohl die in den Songs geradezu leitmotivisch wiederkehrende Desillusionierung illusionärer Hoffnungen als auch die durch Komik bewirkte Kritik an dem Verhalten der Götter, die am Ende des Stückes ihre Scheinexistenz selbst offenbaren, indem sie unter operettenhaftem Gesang ankündigen, daß sie in ihr „Nichts" zurückkehren wollen, weisen in diese Richtung. Indem Brecht den Appell der Religion und auch der traditionellen Aufklärung an das Individuum, sich in erster Linie gut zu verhalten, als falschen Schein, der nur der Erhaltung bestehender Herrschaftsverhältnisse dient, also als Ideologie entlarvt, fordert er zugleich das Publikum zu einer Änderung des Zustandes der Ausbeutung, wie ihn das achte Bild vorführt, auf. Diese Aufforderung erfolgt aber weder durch eine Vorgabe des Ideals

Die Methode der Dialektik als Instrument Brechts:

Ideologiekritik/ Religionskritik

Aktivierung des Publikums

Utopie bei Brecht

auf der Bühne noch durch direkte Appelle. Veränderung soll vielmehr als Ergebnis eines Denkaktes, den der Zuschauer aus seiner eigenen historischen Situation heraus zu leisten hat, verwirklicht werden. Indem dieser, wie Brecht es im Buch „Me Ti“ ausführt, an seine eigenen geschichtlichen Gegebenheiten anknüpft und nach seinen Möglichkeiten handelt, leistet er einen Beitrag zum noch ungewissen, aber möglichen guten Ende des Geschichtsprozesses, dessen konkrete Gestalt sich erst noch herauskristallisieren muß. Brechts Stück stellt zwar kein utopisches Ziel als Gegenstand dar. Die ästhetischen Mittel, die er benutzt, haben jedoch utopische Funktion, da er sie einsetzt, um sein Publikum zu einem ‚eingreifenden Denken‘, dessen Fernziel eine ‚gute‘, also herrschaftsfreie Gesellschaft ist, zu veranlassen.

Interpretationsansätze

Die Interpretation von Brechts Stücken scheint zunächst aufgrund ihres eindeutigen Bezugs auf die marxistische Theorie konträre Forschungsmeinungen auszuschließen. Dennoch hat das Parabelstück „Der gute Mensch von Sezuan" Anlaß zu Diskussionen gegeben, die sich an dem ‚offenen' Schluß des Stückes entzündet haben. Dabei stehen sich zwei grundsätzlich verschiedene Forschungsrichtungen gegenüber. Interpretationen, die selbst von einer marxistischen Grundposition ausgehen oder zumindest Brechts Stück auf dem Hintergrund von dessen Theorie auszulegen versuchen, stehen andere gegenüber, die es vom Standpunkt der traditionellen Aufklärung aus und unter den Gesichtspunkten einer nicht-marxistischen Ästhetik erklären wollen.

Diskussionsansatz: Der ‚offene' Schluß

Für den marxistischen Ansatz ergibt sich der Schluß des Stückes als notwendige Denkkonsequenz; er bleibt also weder offen noch mehrdeutig, noch ist er tragisch. Vielmehr hebt dieser die komödienhaften Elemente des Stückes hervor, die als Charakterisierung der Überholtheit der bürgerlichen Gesellschaft aus sozialistischer Perspektive erklärt werden.

Marxistische Interpretation

Die Hilflosigkeit, in der Shen Te aufgrund ihrer historischen Bedingtheit am Ende zurückbleibt, bildet den Ansatzpunkt einer nicht-marxistischen Interpretation, die auf die tragische Ausweglosigkeit des Individuums verweist. Die Gegenüberstellung von zwei Interpretationen, der Peter Christian Gieses und der von Reinhold Grimm, soll als ‚offenes' Ende den Impuls zu einer selbständigen Urteilsfindung des Lesers oder der Leserin geben.

Bürgerliche Interpretation

1. Peter Christian Giese:

Beispiel einer marxistischen Interpretation

Derart ist nun die komische Dialektik, die in der Hochzeitsszene konzentriert ist: die als Shui Ta ihre Angehörigen hat vertreiben müssen, ruft sie als Shen Te zurück, denn für die Hochzeit wird Familienhintergrund gebraucht. (Die Verwandten bleiben aber nur, solange sie Hoffnung auf ein Festmahl haben.) Die einstige Prostituierte Shen Te hat die vorteilhafte Prostitution einer Ehe mit dem reichen Barbier Shu Fu ausgeschlagen, um nun zu erleben, daß der Mann, den sie liebt, sie nur als Ware betrachtet. Die nur mehr Shen Te sein will, interessiert Sun nur indirekt, insofern ihr Vetter Shui Ta dreihundert Silberdollar besorgen kann. Ohne Shui Ta keine Hochzeit mit Shen Te: die ganz Liebende sein will, erfährt, wie sie gerade dadurch für den Geliebten „unkomplett" geworden ist. Die ungespaltene Identität hatte wiederfinden wollen, ist gezwungen, mit den anderen auf ihr Alter ego zu warten.

Warencharakter der Liebe im Kapitalismus

Warum dieses nicht erscheinen kann, darf sie indessen nicht verraten. Sie muß sich den Anschein geben, zur Hochzeit noch bereit zu sein, als sie deren Unmöglichkeit schon weiß.

Scheinbar sitzt hier nur eine unglückliche Frau, die nicht geheiratet wird. Doch, wie gesagt, es handelt sich um *komische* Dialektik, denn: die Hochzeit, wäre sie zustande gekommen, hätte Shen Te in seelisches *und* wirtschaftliches Unglück gestürzt, Sun wäre dann allein nach Peking gereist, und sie wäre auf einen Schlag ihre Liebe und ihren Laden los. Die auf Liebe und nicht auf geschäftlichen Vorteil bauen wollte, ist daran gescheitert. Doch gerade dadurch hat der, der auf seinen Vorteil nur und nicht auf Liebe sah, seinen Coup nicht landen können. Suns scheinbare Überlegenheit wandelt sich in Malaise, während Shen Tes Malaise sie zur Erkenntnis führt (und den Zuschauer führen soll), daß in dieser Gesellschaft die Spaltung der Person nicht durch bloße Willenskraft revidiert werden kann.

Komische Dialektik

In keiner anderen seiner Hochzeitsszenen hat Brecht das für ihn objektiv Komische der bürgerlichen Ehe (das Individuum vermeint, in einer Art Freiraum innerhalb der unmenschlichen Gesellschaft eine menschliche Privatrolle spielen zu können), derart klar herausgearbeitet wie in dieser Szene des *Guten Menschen von Sezuan,* wo es zu einer Hochzeit schließlich gar nicht kommt. Keine andere seiner Hochzeitsszenen fügt sich auch derart in die Komödienstruktur des ganzen Stückes ein. Hier ist das Ereignis Hochzeit nicht *das* Exempel, das die gesellschaftlichen Verhältnisse im Verhalten der Personen vermittelt, sondern nur *ein* Punkt der Parabel, welche die Entfremdung des Men-

Komik entlarvt gesellschaftliche Entfremdung

schen in kapitalistischer Gesellschaft zum Thema hat [...]

Die Doppelrolle ist bei Brecht immer Ausdruck der Existenzspaltung des Menschen in kapitalistischer Gesellschaft. Zwar wird Entfremdung als Spiel vorgeführt, mit Kostümwechsel auf offener Bühne und Wendung zum Publikum, nie aber entsteht so eine Komik, die in „befreitem Lachen" ausgekostet werden könnte. Entfremdung wie deren sichtbares Resultat Existenzspaltung ist für sich ein durchaus ernstes Motiv – erst in einer dezidiert optimistischen Perspektive, was die gesellschaftliche Fortschrittsfähigkeit betrifft, kann es zu einem komischen werden. Daher bedeutet der Versuch, im *Guten Menschen von Sezuan* jene „Tragik" sehen zu wollen, die „erst das 20. Jahrhundert [freigelegt]" habe, daß der Interpret die fingierte Ratlosigkeit des Epilogs ernst nimmt und tatsächlich für ewig und ausweglos hält, was die Komödie in Parabelform doch gerade als änderbar und änderungsbedürftig ausgestellt hat. Die Doppelrolle ist der sinnlich-konkrete Beweis, die je erneut vorgespielte Nummer, daß es unter kapitalistischen Verhältnissen gerade die Tugenden sind, die dem einzelnen gefährlich werden. Das Ernste wird in einer Weise vorgespielt, die die Distanz der sozialen Erkenntnis ermöglicht, und es ist insofern komisch, als es enthüllt, wie vornehmlich die moralischen Grundwerte, die doch die bürgerliche Gesellschaft legitimieren sollen, als Postulat nur aufrechterhalten werden, weil sie in der bürgerlichen Realität verkehrt werden müssen.

(Peter Christian Giese, zitiert nach Suhrkamp Materialien, S. 221–234)

Doppelrolle: Ausdruck der Existenzspaltung

Tugenden sind im Kapitalismus gefährlich

2. Reinhold Grimm:

Beispiel einer bürgerlichen Interpretation

Der marxistische Interpret Bunge schreibt: „Die Tendenz der Parabel ist nicht mehrdeutig. Die Menschen, für die das Stück geschrieben wurde, müssen sich selbst die Verhältnisse in der Welt schaffen, unter denen es möglich ist, gut zu sein und doch zu leben." Wie der Weg heißt, der zu diesem Ziel führt, brauchen wir nicht zu fragen. Offensichtlich soll man nach Brecht Bunges Folgerung ziehen und den Schluß des Stückes als eindeutig, untragisch, ja geradezu positiv auffassen – den Schluß nämlich, den der Zuschauer selber ziehen muß: daß dem guten Menschen durch die Änderung der (kapitalistischen) Verhältnisse geholfen werden könne.

Stimmt Brechts Selbstdeutung mit dem Stück überein?

Stimmt jedoch das Stück mit dieser Selbstdeutung seines Dichters überein? Dreierlei, so meine ich, sollte man sehr sorgfältig erwägen.

(a) Selbst wenn man Brechts Voraussetzung annimmt und an eine endgültige Abhilfe durch eine Änderung der gesellschaftlichen Verhältnisse glaubt (also an das Paradies, das freilich erst „am Sankt Nimmerleinstag" kommen wird) –, bleibt nicht auch dann noch die verzweifelte Tragik Shen Tes bestehen? Das Stück hat doch keinen – wie immer gearteten – „guten" Schluß. In einem ähnlichen Fall, bei der Selbstdeutung der ‚Mutter Courage', mußte Brecht dann auch einräumen: „Die dem Publikum tief fühlbare Tragik der Courage und ihres Lebens bestand darin, daß hier ein entsetzlicher Widerspruch bestand, der einen Menschen vernichtete, ein Widerspruch, der gelöst werden konnte, aber nur von der Gesellschaft selbst und in langen, schrecklichen Kämpfen." Was nützt es aber dem scheiternden Einzelmenschen, wenn die Gesellschaft (nach Jahren, Jahrzehnten, vielleicht Jahrhunderten) den „entsetzlichen Widerspruch" löst?

Tragik des scheiternden Individuums

(b) Ausweglose Tragik entsteht auch bei der Lösung des Widerspruchs selbst – immer vorausgesetzt, daß er überhaupt lösbar ist –: bei der Änderung der Welt. „Die mit vielen Mitleid haben, dürfen keines haben mit den wenigen", erklärte Brecht lapidar; und in der ‚Maßnahme', die diesen Konflikt mit aller Schärfe gestaltet (weshalb der Dichter sie später auch verboten hat), heißt es:

Welche Niedrigkeit begingest du nicht, um
Die Niedrigkeit auszutilgen?

Ausweglose Tragik: Gegen Gewalt hilft nur Gewalt

Bei der Änderung der Welt gibt es für Brecht „nur blutbefleckte Hände oder abgehauene Hände" – mit anderen Worten: die Lösung des Widerspruchs führt in einen ausweglosen tragischen Zustand.

Brechts Voraussetzung: natürliche Güte

(c) Und wie verhält es sich eigentlich mit Brechts Voraussetzung, wonach der Mensch wesenhaft gut sei? Mit dieser Voraussetzung, die wir bisher probeweise akzeptiert haben, steht und fällt doch das ganze Stück. Brecht läßt – jedenfalls hier im Werk – an der natürlichen Güte des Menschen keinerlei Zweifel; Gutsein ist hier geradezu Wollust, Bösesein Qual:

Den Mitmenschen zu treten
Ist es nicht anstrengend? Die Stirnader
Schwillt ihnen an, vor Mühe, gierig zu sein.
Natürlich ausgestreckt
Gibt eine Hand und empfängt mit gleicher Leichtigkeit. Nur
Gierig zupackend muß sie sich anstrengen. Ach
Welche Verführung, zu schenken! Wie angenehm
Ist es doch, freundlich zu sein! Ein gutes Wort
Entschlüpft wie ein wohliger Seufzer.

Was bleibt jedoch, wenn diese Grundvoraussetzung fehlt? Kein – bei aller Tragik – immer noch von „Trotz und Hoffnung" (Bloch) erfülltes Lehrstück, keine Parabel mehr, die den rechten Weg weist –, sondern in der Tat ein „erschütterndes Zeugnis für den unglücklichen Zustand dieser Welt".

Selbstzweifel Brechts

Daß Brecht um die Fragwürdigkeit seiner Voraussetzung (die ja einfach ein Glaube ist) wußte, belegt eine Stelle aus den ungefähr gleichzeitig entstandenen ‚Flüchtlingsgesprächen'. Es heißt dort mit Anspielung auf Leonhard Frank: „In Deutschland, nach dem ersten Weltkrieg, ist ein Buch erschienen mit dem sensationellen Titel ‚Der Mensch ist gut', und ich habe mich sofort unruhig gefühlt und aufgeatmet, wie ein Kritiker geschrieben hat: ‚Der Mensch ist gut, das Kalb schmackhaft'." Der Dichter konnte sogar verallgemeinernd sagen: „Das Thema der Kunst ist, daß die Welt aus den Fugen ist." Dennoch hielt er an seiner Utopie einer guten Welt für den guten Menschen fest.

Brechts Festhalten an einer Utopie

Was diese Zeit für Brecht kennzeichnete, hat er einmal in den Satz gefaßt: „Wer der Gesellschaft nützt, nützt sich selbst. Wer sich selbst nützt, nützt der Gesellschaft." Diese insistierende Formel, die sich durch Wiederholung selber zu bestätigen sucht, beschreibt genau die Utopie, die eschatologische Hoffnung des ‚Guten Menschen von Sezuan':

Keinen verderben zu lassen, auch nicht sich selber
Jeden mit Glück zu erfüllen, auch sich, das
Ist gut.

Kritik an Brecht: Fehlen eines positiven Entwurfs

Freilich: Bertolt Brecht vermochte diese Forderung nur zu stellen, nicht zu gestalten. Das Stück ‚Büsching', das die Identität von Eigennutz und Gemeinnutz darstellen sollte, das zeigen sollte, wie der gute Mensch zugleich sich selbst und der Gesellschaft hilft, indem er produziert –, dieses Stück über den „Helden der Arbeit“ Hans Garbe wurde *nicht* geschrieben. Über drei dürftige Szenenentwürfe gedieh es nie hinaus.

(Reinhold Grimm, aus: Germanistik in Forschung und Lehre/Vorträge und Diskussionen des Germanistentags Essen 21.–25. Okt. 1964, Erich Schmidt Verlag, Berlin 1965, S. 184–194)

Bibliographische Hinweise

Nachweis der Zitate

Alle Brecht-Zitate beziehen sich auf die Werkausgabe (20 Bände) der edition suhrkamp, Frankfurt a.M. 1967

Brechts guter Mensch von Sezuan, herausgegeben von Jan Knopf, Frankfurt a.M. 1982 (suhrkamp materialien)

Bräutigam, Kurt, Der gute Mensch von Sezuan, München 1966

Episches Theater, herausgegeben von Reinhold Grimm (Neue Wissenschaftliche Bibliothek 15) Köln/Berlin 1966. Darin: Walter Benjamin, Was ist episches Theater?

Kant, Immanuel, Grundlegung zur Metaphysik der Sitten, in: Immanuel Kant. Werke in sechs Bänden, herausgegeben von Wilhelm Weischedel, Bd. IV, Darmstadt 1956, BA 1, S. 14 (Zitat auf S. 46)

Kant, Immanuel, Schriften zur Anthropologie in pragmatischer Hinsicht, in: Immanuel Kant. Werke in sechs Bänden, herausgegeben von Wilhelm Weischedel, Frankfurt a.M. 1964, B 319; A 321, S. 678 (Zitat auf S. 45)

Lessing, Gotthold Ephraim, Ausgewählte Werke, München o.J. (3 Bände)

Karl Marx/Friedrich Engels, Werke, herausgegeben vom Institut für Marxismus-Leninismus, Berlin 1975f. (MEW)

Marx/Engels, Ausgewählte Briefe, Berlin 1953

Materialien zu Brechts ‚Der gute Mensch von Sezuan', zusammengestellt und redigiert von Werner Hecht, Frankfurt a.M. 1968 (edition suhrkamp)

Theorie des Dramas, herausgegeben von Ulrich Staehle, Stuttgart 1973 (Reclam)

Zu Bertolt Brecht, herausgegeben von Theo Buck, Stuttgart 1979

Weiterführende Literatur

Wer seine Kenntnisse über Brecht vertiefen will, sollte vor allem noch weitere Stücke, Gedichte und theoretische Schriften von Brecht lesen. Für die angesichts der äußerst umfangreichen Literatur über Brecht bewußt bescheidene Auswahl von Titeln war der Gesichtspunkt ausschlaggebend, daß sie alle zur Vertiefung des Themas beitragen, ohne einen für Schüler zumutbaren Umfang zu überschreiten.

Brechts guter Mensch von Sezuan, herausgegeben von Jan Knopf, Frankfurt a.M. 1982 (suhrkamp materialien)

Die Expressionismusdebatte. Materialien zu einer marxistischen Realismuskonzeption, herausgegeben von Hans-Jürgen Schmitt, Frankfurt a.M. 1973, mehrere Auflagen (edition suhrkamp)

Fahrenbach, Helmut, Brecht zur Einführung, Hamburg 1986 (Edition Soak)

Kesting, Marianne, Brecht (rowohlt monographie)

Zu Bertolt Brecht, herausgegeben von Theo Buck (LGW-Interpretationen) Stuttgart 1979, mehrere Auflagen.